4,–

W0221318

Es ist fast schon ein bißchen komisch, Löwenherz zu heißen und dann nur Zuhörer zu sein. Ein solcher Name gebührte eher einem Raumfahrkapitän, einem kühnen Kolonisator ferner Jupitermonde, einem Sternensegler. Die Hauptperson dieses Buches scheint allerdings recht zufrieden mit der Tatsache, daß ein Schild an der Tür verkündet: Emil Löwenherz, Dipl.-Zuhörer, werktägig von 9.00 bis 14.00 Uhr. Zunächst zumindest …

Angebote

Wolf Weitbrecht

Disput mit einem Farnkraut

Geschichten von übermorgen

Verlag Tribüne Berlin

Umschlagillustration
von Uschi Kosa

Autorenfoto auf der 4. Umschlagseite
von Michael Curio

ISBN 3-7303-0338-4

1. Auflage 1988
Lizenz 2 · 633/88 · LSV 7004
Printed in the German Democratic Republic
Gesamtherstellung
Grafischer Großbetrieb Völkerfreundschaft Dresden
Best.-Nr. 686 668 6
00200

Vom Zuhörer als solchem

Sie wissen, was ein Zuhörer ist, das brauche ich nicht lange zu erklären. Ist es doch schon reichlich zehn Jahre her, seit die Berufsbezeichnung »Zuhörer« eingeführt wurde.

Leider war es nicht gelungen, anstelle von »Zuhörer« irgendein hochtrabendes, akademisch klingendes Wort zu finden. Pastor, das klang nicht schlecht, war aber durch die metaphysische Vergangenheit der Sancta Ecclesia erheblich beschädigt. Auditor hatte wiederum den Beigeschmack eines weiland Militärstaatsanwaltes k. u. k.'scher Prägung. Man kannte das Wort aus dem unvergänglichen Werk von Jaroslav Hašek, dem Schwejk, der immer noch über unsere Hologrammteleschirme geisterte und wie einst auch noch heute von jung und alt mit großem Gaudium gelesen wird.

Unser relativ junger Beruf war und ist noch umstritten. Einige sagen verächtlich, wir seien die Priester der klassenlosen Gesellschaft, andere wiederum versuchen, uns die Funktionen der ehemaligen Schiedskommissionen zu übertragen. Fest steht nur, daß wir Zuhörer zur Zunft der Menschenkundler zählen, wie der Arzt, der Soziologe und auch unsere engsten Kollegen, die Polemiker.

Zugegeben, auch ich fand es zunächst eigenartig, daß alle, die zu mir als Zuhörer kamen, keinen Rat erwarteten, nicht das Aufsetzen irgendeines schwierigen Schriftstückes an die oder jene Kommission erhofften, keine Beschwerde, zum Beispiel über die Verwaltung der Karpfenteiche, aufgesetzt haben wollten. Nein, sie wollten sich nur ihren Ärger oder ihre Sorgen von der Seele reden und schritten dann angeblich erleichtert von dannen.

Schon in der Schule hatte ich Talent fürs Zuhören entwickelt, und die Talentsuchekommission hatte mir im zweiten Jahr des Allgemeinen Grundkurses vorgeschlagen, ins Zuhörerfach einzusteigen.

Bis jetzt – ich habe nun schon fast ein halbes Jahr mein Schild am Haus: Emil Löwenherz, Dipl.-Zuhörer, werktägig von 9.00 bis 14.00 Uhr – bin ich relativ zufrieden. Nach der täglichen Zahl meiner Klienten füllen wir Zuhörer eine echte Bedürfnislücke. Man braucht uns augenscheinlich.

Der Mann, der Angst vor seiner Hand bekam

Schon über zehn Minuten saß er mir gegenüber und redete und redete ... Als Zuhörer sollte dies für mich der natürlichste Vorgang von der Welt sein. Wie dieser Mann da jedoch sprach! Andere machen kleine Pausen, denken ein wenig nach, er aber war wie aufgezogen. Wie das Herunterhaspeln einer langen und sorgfältig eingelernten Lektion wirkte das auf mich.

Es war eine große, massige Gestalt, die da vor mir Platz genommen hatte. Lockiges, bereits ins Grau gehendes Haar, fleischige Nase, rundes Gesicht, kleine, besorgt blickende Augen. Und seine Hände. Immer wieder fuchtelte er damit herum, legte sie zum Schluß quasi als corpus delicti vor mir auf den Tisch. Beide, die Finger leicht gespreizt. Es waren gemütliche, rundliche Patschhände. Selbst die ehemaligen Grübchen, sicherlich einst das Entzücken seiner Oma, waren noch nicht völlig geschwunden. Wurstfinger, rosa, dicklich, kurz geschnittene, saubere Nägel. Sie erinnerten an einen Delikateß-Univermag, diese Hände.

Was der Mann, wie auswendig gelernt, vor mir ausbreitete, war folgendes:

»Sehen Sie, ich bin ein ernsthafter Mensch. Für mich trifft es wirklich zu, daß die Arbeit mein erster Lebensinhalt geworden ist. Ich bin Verteiler. Meine täglichen vier Stunden sitze ich an meinem Schaltpult und lenke die Produktionsströme im 14. Stadtbezirk. Man muß höllisch aufpassen: Im 28. Entnahmesalon für Damenschuhe keine Pumps der Größe 39 mehr? Sofort muß ich reagieren, die Strecke vom Depot in den 28. frei machen lassen, die Pneu-Containerzahl festlegen, abblasen und Rückkontrolle, daß nunmehr der Mangel zur Bedürfnisbefriedigung behoben ist. Sehr verantwortungsvoll, sehr wichtig.

Und sehen Sie, auch im gesellschaftlichen Bereich bin ich beim Verteilen geblieben. Ich gehöre der Verteilerkommission im 2. Stadtbezirk an, dort wohne ich nämlich. Und was man da so alles erfährt, nein, eine Goldgrube für meine Arbeit im vierzehnten!

Aber ich bin auch ein bildungshungriger Bürger. Nein, meine Freizeit verbringe ich sinnvoll, ganz auf der Höhe der Beschlüsse der letzten Bürgervollversammlung. Ich war delegiert, müssen Sie wissen. Und ich lese viel und gerne. Natürlich keine seichten Romane aus der Vergangenheit, nein. Meine liebste Lektüre sind Reisebeschreibungen, Entdeckungsfahrten, fremde Länder, andere Sitten.

Ich bin da auf etwas gestoßen ..., wenn ich Ihnen einmal zeigen dürfte?«

Er durfte.

Lange kramte er in seiner Aktentasche, dann blickte er verlegen auf. »Nun hab ich es doch zu Hause liegenlassen! Kann ich einmal Ihr Video und Ihre Rohrpost benutzen?«

Ich nickte Gewähr.

Nachdem er draußen videofoniert hatte, kam er wieder ins Zimmer, ein Lächeln im Gesicht. »Es hat geklappt, meine Frau hat die Bilder gefunden. In wenigen Minuten müssen sie hier sein.«

Tatsächlich. Schon ertönte das bekannte leise Zischen in der Röhre, und mit einem dumpfen Pflomm fiel der Metallzylinder der Pneumopost in das Körbchen.

»Gestatten Sie.«

Er nahm mir den Behälter aus der Hand, öffnete ihn und zog einige zusammengerollte Fotos heraus, die er mir auch sogleich mit seinen Patschhändchen unter die Nase hielt.

»Sehen Sie diese ausgeprägte, feinnervige Hand? Von einer antiken, ich glaube griechischen Statue. Und hier – diese Hand hat Michelangelo aus carrarischem Marmor gemeißelt. Das« – wieder ein neues Bild – »ist die Hand eines afroamerikanischen Jazztrompeters – und hier die Hände des Häuptlings der Umburi-Indianer. Diesen Stamm hat man erst vor zwei Jahren am Amazonas entdeckt. Zwei Meter große Burschen, die Umburis, galten jahrhundertelang als verschollen oder ausgestorben. Haben Sie alle diese Hände betrachtet?«

Ich nickte. »Selbstverständlich. Und weiter?«

»Nun, sehen wir doch unsere eigenen Hände dagegen an.« Und stumm legte er seine rosa Hände zwischen die aufgereihten Abbilder und forderte mich auf, dasselbe zu tun. Ich stand auf, kam um meinen Schreibtisch herum und blickte meinen Klienten stumm an.

Er seufzte. »Ihre Hand ist wohlausgebildet. Aber meine dagegen? Und nicht nur meine«, fuhr er lebhaft fort. »Ich habe meine Umgebung beobachtet, fast achtzig Prozent der Menschen haben unpersönlich wirkende, ausdruckslose Hände, Würstelfinger wie ich, und im Vergleich zu all diesen sogenannten Barbaren oder Primitiven sehen sie aus wie von einer degenerierten Affenherde.«

Er räumte seine Handbilder wieder weg und setzte sich erneut in den Besuchersessel. »Jetzt werden Sie verstehen, was ich eigentlich sagen wollte.«

»Nein.«

»Nein?« Er schien sichtlich enttäuscht zu sein. Doch dann begann er endlich, mir seine Handtheorie auseinanderzuklamüsern:

»Es gibt wohl keinen ernsthaften Menschen auf diesem Planeten, der, wenn er sich mit der Entwicklungsgeschichte der eigenen Spezies Homo sapiens beschäftigte, nicht auf Friedrich Engels' ›Der Anteil der Arbeit an der Menschwerdung des Affen‹ gestoßen wäre. Aufrechter Gang, Entwicklung von Hand und Sprache, dadurch Umformung des Kehlkopfes, hätten einerseits auf das Gehirn eingewirkt, andererseits aber auch natürlich Rückwirkungen auf die anatomische Entwicklung von Hand und Kehlkopf gehabt. Und dies alles mittels der Notwendigkeit und Möglichkeit, mit dieser nun befreiten Hand sich Werkzeuge zu schaffen, mit ihnen zu arbeiten, zu beginnen, sich die Natur anzueignen und verändernd zu verwerten.«

Er hielt kurz inne und ergriff erneut die Bilder der verschiedenen Hände.

»Mir ist da ein schlimmer Gedanke gekommen, ein sehr schlimmer«, sagte er leise, fast nur so vor sich hin. Dann blickte er mich fest und mit einer gewissen Entschlossenheit an: »Und wenn es eines Tages umgekehrt läuft? Unsere Hände werden doch von Generation zu Generation mehr und mehr zu bloßen Knöpfchendrückern!

Die Hand dieses Umburi-Häuptlings, was konnte und was kann sie noch alles! Pfeile im

Feuer härten, sie glätten, sorgfältig Vogelfedern längsspalten, die einzelnen halben Federkiele mit Harz in geritzte Rillen am Pfeilende kleben. Sie kann Feuer machen durch Reibung, Körbe aus hartem, sprödem Gras flechten, und, und … Und Michelangelos Hand, sie hielt den Hammer und Meißel so, daß sich aus dem Marmor, dem harten weißen Stein, eine Hand herausschälte. Das sind nur zwei Beispiele aus Tausenden. Meine Hand«, fast traurig blickte er seine Knubbelfinger an, »kann fast gar nichts. Telefon abheben, auf das Steuerpult drücken, die Gänge im Velo schalten, den Fahrstuhl bedienen. Aber so ein einfaches Körbchen aus Gras flechten, das könnte ich nie und nimmer!«

»Wer kann dies heute schon«, warf ich ein. Es sollte bagatellisierend und zugleich tröstlich wirken. Langsam ging er mir mit seinem Handbild auf die Nerven. Aber ich mußte ja stille sein, von Berufs wegen, keinen Piep konnte ich sagen, bis auf belanglose Zwischensätze. Vielleicht wäre ich doch besser Polemiker geworden. Doch mein Besucher ließ mir keine Zeit zum Nachdenken.

»Das ist es ja gerade«, rief er in heller Verzweiflung. »Wir bekämpfen seit Generationen die Bewegungsarmut, um gegen Arteriosklerose, Übergewichtigkeit, Streß aller Art einschließlich des Herzinfarktes anzukämpfen. Seit langem gibt es ganze Volksbewegungen, sogar die ehemaligen Kapitalisten hatten sich mit ihrem ›Trimm dich‹ was einfallen lassen. Doch unser wichtigstes Organ, unsere *Hand*, die lassen wir so weiterschludern durch die Jahrhunderte.

Ja, wer sagt denn, daß dieser Prozeß nicht auch rückläufig sein könnte? Daß dem Gehirn Impulse fehlen, die ihm seit über hunderttausend Jahren ständig durch die manuelle Fingerfertigkeit zugeflossen sind? Vielleicht rächt es sich, erschöpft kreative Zentren, legt sie still. Wir vertrotteln geistig, weil wir unsere Hände nicht mehr gebrauchen, weil unsere Finger träge und untauglich geworden sind. Können Sie mir folgen?«

Ich nickte stumm. Sich mit ihm in einen Disput einzulassen war nicht meines Amtes. Dazu waren die Polemiker da.

Sollte ich ihn zu meinem alten Schulfreund Egon Eiderdaus schicken? Egon war ein trefflicher Polemiker, und eben wollte ich meinem Besucher diesen Vorschlag machen, als er die Fotos wieder in seine Mappe stopfte und aufatmend sagte: »So, nun ist es endlich heraus! Fast drei Jahre habe ich mich damit herumgeschleppt. Mir ist viel wohler. Nein, die Zuhörer – ich muß es loben, daß unser aufgeklärtes Zeitalter diese Institution geschaffen hat.«

Ein letztes Lächeln, ein knapp gewinkter Gruß der rundlichen Hand, und ich war wieder allein.

Zweimal ist er noch bei mir aufgetaucht. Das erste Mal war es ein längerer Monolog, in dem er sich eifrig darüber verbreitete, daß er in der gesellschaftlichen Sphäre nun doch zum Massensport übergewechselt sei, weg von der Verteilung. Und er gebärdete sich ganz so, als ob ich ihm damals diesen Rat gegeben hätte. Kein Wörtchen hatte ich aber jemals in dieser Richtung fallenlassen!

Dann erklärte er mir, daß er ein altes Brauchtum entdeckt habe. Ein kleiner, als grob und originell verschrieener älplerischer Volksstamm namens Bayern hätte ihn ausgeübt. Es handle sich um das sogenannte Fingerhakln. Und sogleich mußte ich meinen rechten Ellenbogen auf den Tisch stemmen, mich gegen seinen aufgestemmten Unterarm drücken und versuchen, mit meinem in den seinen eingehakten Zeigefinger nun seinen Arm auf den Tisch niederzuzwingen. Ihm schwoll die Stirnader, aber natürlich war es ihm ein leichtes, mich zu besiegen.

Listig meinte er: »Das ist gelungen: Wiederentdeckung eines alten Volksbrauches zur Stärkung und Übung der Hand beziehungsweise des Zeigefingers. Urwüchsig und altväterisch, das zieht die Leute an, das wollen sie sehen. Es entstand bereits das Bedürfnis nach einer altbayerischen Hakltracht. Wettkämpfe dürfen nunmehr nur noch in Kampftracht ausgeführt werden, wie beim Judo!« Er strahlte vor Stolz.

»Und ist man erst auf den Geschmack gekommen, daß ganz allein mit der Hand ein Preis zu holen sei, gehe ich zu Geschicklichkeitsübungen über. Fingerschnalzen, ja sogar Ziehharmonika- und Klavier- nebst Geigenspielen gehören in dieses Genre. Sie haben mir sehr geholfen. Zur Erinnerung und aus Dankbarkeit!«

Er übergab mir ein Farbhologramm, auf dem er zu sehen war, mit Tirolerhütchen, Gamsbart aus feinstem Polyester, naturecht eingefärbt, hochgekrempelten Hemdsärmeln, den Ellenbogen aufgestützt, den Zeigefinger zum drohenden Haken gebogen.

Ich bedankte mich und lächelte.

Vorgestern war er wieder da. Nur rasch hereinschauen, wie es mir gehe. Ihm ging es glänzend. Sein letzter Triumph: Fingerfertigkeitsspiele auf einem besonders dafür entwickelten Sportgerät, dem Manufactor, waren einschließlich der Sondersportart Fingerhakln in altbayerischer Tracht als olympische Disziplinen anerkannt worden, und allerorts hätten sich Haklvereine oder Manufactorclubs gebildet.

»Ich habe die Menschheit gerettet«, rief er strahlend, »und niemand weiß es, und keiner merkt's, außer mir und Ihnen!«

Als er gegangen war, bedauerte ich, nicht doch Polemiker geworden zu sein. Dann hätte ich mit ihm diskutieren können ..., aber wie!

Oma Möller

Oma Möller war auch wieder da. Fast jeden Monat tauchte sie auf, »auf ein Schwätzchen«, wie sie sagte. Exakterweise war es aber ein Zuhörchen, versteht sich.

Oma Möller war schon hochbetagt. Ihren 131. Geburtstag hatte sie im Frühjahr mit Kindern, Enkeln und Urenkeln gefeiert.

»Nur einer war nicht dabei, der Steffen. Der ist gerade für zwei Jahre auf der Mondstation.«

Was hatte Oma Möller zu erzählen? Kleine Dinge, tägliche Geschichten aus dem Feierabendheim, in dem sie lebte. Schön habe sie es dort, das betonte Oma Möller immer und immer wieder. »Nur zuhören kann da keiner. Jeder hat seinen eigenen Kram, wie das bei älteren Leuten eben so ist.« Dabei blinzelte sie mich schelmisch an, und ihre noch roten, aber wie Hutzeläpfelchen geschrumpften Wangen glühten. »Ja, wenn mein Seliger noch da wäre, doch der ist mir ja so jung weggestorben, schon mit 91 Jahren, ganz unverhofft.«

Ich kannte die Geschichte. Oma Möller wußte das und erzählte sie trotzdem noch einmal – weil ich so schön zuhören kann – und muß, »von Amts wegen«, hatte man in der Antike zu derlei Verpflichtungen gesagt.

Kurzum, der Anton war ihr weggestorben, noch

im Stadium der Beendigung der Urbanisation, würden die Historiker sagen.

»Mein Anton war zu sensibel.«

Und dann ließ sie sich des langen und breiten über diese Zeit aus, in der der Wunsch nach einem kleinen Häuschen im Grünen als verwerflich, ja nachgerade gesellschaftsfeindlich galt, wo man geschlossene Wohnkomplexe für fünfzigtausend Menschen plante und baute, mit allem, was drum und dran ist: Kino, Theater, Spielplätze, Schwimmbäder, Bowling-Bahnen, Gangster-Ecken für die Halbwüchsigen, Krankenhaus, Schule, Teilstudium der Uni. »Das alles ist so genial miteinander verbunden, daß Sie unter *einem* Dache alles, was Ihr Herz begehrt, bequemst erreichen können, ohne einmal den Fuß ins Freie setzen zu müssen«, hieß es in den Prospekten und Katalogen.

Es gab aber Menschen, die wollten partout ihren Fuß ins Freie setzen, die wollten jeden Tag eine frische Brise um die Nase, die hatten keine Infektionsangst vor ein paar Regentropfen oder vor einem Sonnenstich. Und so einer war Oma Möllers Anton gewesen.

Ich glaube, ohne die energische Arbeit der Suizid-Kommissionen, die geradezu rücksichtslos die Öffentlichkeit auf die ansteigenden Selbstmordfälle, vor allem bei alten alleinstehenden Leuten, aufmerksam machten und verkündeten, daß die Großwohnsilos eine Fehlentwicklung seien, unwürdig der klassenlosen Gesellschaft, hätten die Bürgervollversammlungen der Städte nicht so rasch den Hebel herumgeworfen.

Die Betonklötze brauchte man nicht in die Luft zu sprengen. Internate, vor allem für junge Leute im Grundkurs, das war das Richtige. Aber schon junge Ehepaare mit Kindern wollten raus, ans Frische, ins Grüne, wollten sich wieder wie der Urgroßvater einen Hund oder eine Katze anschaffen. Die mußten natürlich Auslauf haben, und die ganze Familie mit.

Durch die bessere Beherrschung des Wetters und Klimas ganz allgemein hatte es sich die Zentrale Wohnungskommission leisten können (die gab es noch zu Antons Lebzeiten, ein Rest Exekutive vielleicht, ein letzter Hauch von »Staat« im herkömmlichen Sinne auf unserem Planeten), den Vorschlag, die Menschheit in die besten klimatischen Zonen umzusiedeln, zur Weltabstimmung zu unterbreiten. Bei diesem gegenwärtig immer noch andauernden Prozeß der Enturbanisierung wurden wieder Ensembles intimeren Zusammenwohnens geschaffen. Oma Möllers Feierabendheim liegt in so einer Zone, und sie lobt das über alle Maßen.

»Es wimmelt bei uns nur so von Kommissionen, und alle tun etwas Vernünftiges. Wir im Hause haben allein vier: die ›gesunde altersgerechte Ernährungskommission‹, die ›Treibe-Sport-Kommission‹, die ›Kommission für kreatives Handschaffen in Stoff und Wolle‹ und die Kommission ›Oma und Opa sind Erziehungshelfer‹. Ich mache in allen vier mit, ist ja sonst langweilig. Aber so richtig mal gemütlich einen zusammen plauschen – sollte man vielleicht eine ›Konversationskommission‹ gründen?«

Ich schüttelte den Kopf und meinte, dazu seien ja wir Zuhörer da, und für schwierige Fälle gäbe es dann noch die Polemiker oder die Diskussionsklubs.

Oma Möller seufzte. »Da kommt aber mein armer alter Kopf nicht mehr mit. Neulich war ich in so einer Diskuthek. Zuerst hat einer die Behauptung aufgestellt, die Erde sei eine Scheibe! So'n Quatsch! Hab ich auch gleich gesagt, aber ich wurde belehrt, das sei nur zur Übung, damit wir lernten, uns mit einer falschen Behauptung kämpferisch auseinanderzusetzen. ›Ich denke, in unserer entwickelten kommunistischen Gesellschaft gibt's keine Kämpfe mehr‹, sagte ich da ganz ruhig.

Einige lachten, der Leiter der Diskuthek aber ermahnte mich, daß man jederzeit auf dem Quivive sein müsse, und, wie zum Beispiel beim Schachspielen, auch auf der Rednerplattform ›Scheinkämpfe‹ ausgetragen werden müßten.

Das mit dem Schach hat mir eingeleuchtet. Aber es war ganz schön knifflig, bis wir alten Leutchen dem Diskuthek-Leiter bewiesen hatten, daß die Erde keine Scheibe sei. Zufällig hatte ich die Aufnahme in meiner Handtasche. Sie wissen ja, mein Urenkel, der Steffen, auf der Mondstation. Er hatte sie mir geschickt. Da steht er im Raumanzug, und hinter ihm schwebt unsere Erde als wunderschöne hellblaue Kugel im schwarzen Weltraum und eine Unmenge kleiner goldener Pünktchen drum herum – Sterne –, und mit einem Leuchtstift hat er einen Pfeil gemalt. Der zeigt auf einen Punkt der Erde, und dazu hat er drangeschrieben: Da wohnst Du, Uroma!

Als ich das zeigte, hat der Diskuthek-Leiter aber gestrahlt und gesagt: ›Hier, Oma Möller, stets mit den Klassikern auf du und du. Jawohl, die Praxis‹, und dabei hat er das Liebhaberfoto von Steffen wie eine Fahne über dem Kopf geschwenkt, ›die Praxis ist immer noch das entscheidende Kriterium in der Wissenschaft. Nun sehen Sie alle: Die Erde ist tatsächlich eine Kugel und keine Scheibe.‹ Und alle anderen haben dann geklatscht.«

Oma Möller stand plötzlich auf und machte, für mich überraschend, ganz schnell mal drei Kniebeugen vor meinem Schreibtisch. Erst erschrak ich und dachte, ihr sei schlecht geworden, aber i wo! Es knackte und knirschte in ihren 131 Jahre alten Gelenken, aber ihr Gesicht lachte so fröhlich wie immer.

»Alle zwei Stunden«, sagte sie, »das hat unsere ›Treibe-Sport-Kommission‹ so beschlossen. Kann ja bei Ihnen keine Ausnahme machen, klar?«

Dann versprach sie mir einen Abzug von Steffens Bild der Erde, wo eingezeichnet ist, an welchem Punkt Oma Möller wohnt, und ist gegangen. Wie üblich eine kleine Abschiedsträne, weil der gute Anton das alles nicht mehr erleben konnte.

Ich hoffe nur, daß sie nächsten Monat wieder bei mir auftaucht. In solchen Augenblicken meine ich, daß mein Beruf als Zuhörer doch vielleicht zu etwas nütze wäre. Denn manchmal komme ich mir wie eine Wand vor, an die hingesprochen wird, eine lebendige Klagemauer. Warum reden die Leute nicht einfach auf Tonband, das sie dann, wann sie wollen, wieder ablaufen lassen können? – Oder löschen.

Nein, es muß ein Mensch sein, mit teilnahmsvollen Augen, gespitzten Ohren und einem verschlossenen Mund.

Das ärgert mich am meisten an meinem Beruf, daß ich mich nicht einmischen darf oder soll. Nur teilnahmsvoll zuhören und ab und zu ein aufmunterndes Wort. Ob das auf die Dauer genügt? Man müßte einmal mit anderen Zuhörern darüber reden …

Ja, unsere alte Penne!

»Sie wünschen bitte?«

»Aber Emil, erkennst du mich denn nicht, ich bin doch die Lila aus deiner Klasse! Wie ich da unten vorbeigeh', denk ich, mich tritt ein Puma, als ich das Schild lese: ›Emil Löwenherz, Zuhörer‹. Ich nix wie rauf, und nun bin ich da. Ich will dich besuchen. Hatte ja keine Ahnung, daß du wirklich Zuhörer geworden bist. Weißt du, ich lebe und arbeite in Bodenheim und komme selten in unsere alte City. Doch du siehst blendend aus, ist ja eine Wucht!«

Langsam gewann ich wieder Fassung. Es war tatsächlich Lila. Eigentlich hieß sie Liliana, aber da sie immer so ungeheuer schnell und viel quatschte und dabei häufig halbe Worte verschluckte, hieß sie nur Lila. Sie sah wirklich erfreulich aus. Braungebrannt, die Haare halblang geschnitten, ein paar locker verstreute Sommersprossen. Ein Knie über das andere geschlagen, die Hände darüber gefaltet, da saß sie und strahlte. Nostalgie, freute sich, zufällig auf den alten Emil gestoßen zu sein, und plötzlich wurde mir bewußt: das war ein echter Besuch, kein Klient, mit ihr durfte ich auch quatschen, durfte Widerrede geben. Das erste Mal, daß mich jemand einfach so besuchte. Und dazu noch Lila.

»Lila, großartig, hast dich gar nicht verändert! Doch ich hab natürlich mit einem Kunden gerechnet, als die Tür aufging. Mußte erst umschalten. Bist selten in der City? Was treibst du da in Bodenheim? Und überhaupt? Hast mal was von den anderen gehört? Ich habe nur noch Verbindung zu Egon Eiderdaus, der lebt auch hier, fast um die Ecke, ist Polemiker geworden. Aber von den übrigen hab ich keinen Schimmer.«

Lila hob fröhlich ihre Stupsnase und inspizierte mein Zimmer.

»Mit Geschmack eingerichtet«, lobte sie. »Zuhöreratmosphäre. Das ist gut. Was ich in Bodenheim mache? Ich arbeite dort im Kindergarten, bringe den Kleinen die ersten Prägungen bei, Kindheitsmuster, wie man in unseren Fachkreisen zu sagen pflegt. Mein Mann obliegt nämlich der Geflügelzucht, daher leben wir dort draußen. Kennst ihn übrigens. Er ging eine Klasse über uns, wurde nur der Zoodirektor genannt, weil er damals unseren Schulzoo betreut hat.«

»Das ist dein Mann?« fragte ich erstaunt. »Äußerst selten heute, daß jemand einen Partner heiratet, den er schon aus der Schulzeit kennt.«

Lila lachte. »Wir hatten uns ja aus den Augen verloren. Aber wie es der Zufall will, auf einer Ferienreise tauchte er plötzlich als Reiseleiter auf. Es ging damals nach Afrika, in die Serengeti, und da war er als Fachmann eingesetzt.«

»Und jetzt züchtet er Hühner?«

»Ja, warum? Das Klima ist hier für Elefanten ungeeignet, und zoologische Gärten gibt's nicht so viele. Aber wir haben allerlei Viehzeug im Haus, kannst du dir sicher denken. Eine Katze, zwei Hunde, ein Pony für die Kinder ...«

»Donnerwetter, Kinder hast du auch?«

»Ja, zwei. Und dann eine große Voliere hinterm Haus. Die Kinder haben Meerschweinchen. Also du siehst, unser Vater hat auch daheim allerlei Beschäftigung. Und du? Verheiratet oder Partner?«

»Keines von beiden, ist mir irgendwie danebengegangen. Hab zwar mal ein Mädchen gehabt, die war literatursüchtig, da kam ich nicht mit. Und dann, als Zuhörer hört man so viele Dinge, die einen innerlich dauernd beschäftigen. Bin außerdem ja auch schüchtern, du weißt doch.«

Lila lachte noch mehr. »Das warst du, Emil. Wenigstens damals, als du mich abblitzen ließest.«

»Ich ... dich? Wann soll das gewesen sein, habe keinen Schimmer mehr von einer Ahnung!«

Lila streckte ihre Hand aus und ergriff meine.

Fest, kameradschaftlich, fast ein wenig mütterlich. »Ach Emil«, sagte sie. »Aber so war's. Ich war damals schrecklich verschossen in dich, und du hast nicht einmal geruht, davon Kenntnis zu nehmen. In der Klasse wurden schon Wetten abgeschlossen, ob du noch etwas spannen würdest, aber nitschewo!«

Ich saß wie vom Donner gerüht. Dann breitete ich meine Hände aus und sagte: »Unschuldig, Lila, so bin ich eben. Wäre ich sonst Zuhörer geworden?«

»Ja«, meinte sie, »laß hören. Wie ist das? Ist es nicht manchmal, wie wenn man ein Briefkasten ist, in den der andere seine Post hineinplumpsen läßt wie in ein dunkles Maul? Und da liegt dann in deinem geistigen Magen wohlverwahrt manch Geheimnis einer alten Mamsell. Aber ich kann mir den Reiz eines solchen Berufes vorstellen ...«

»Hast du sonst von keinem gehört?« lenkte ich ab. Es war mir peinlich. Wenn ich mit meinem Beruf Probleme bekommen sollte, werde ich schon alleine zu einem Polemiker oder gar zu einem Psychoanalytiker gehen. Aber ganz gewiß nicht zu Lila! Mag sie ihre Dreijährigen prägen, daß man sich nach dem Klo die Hände waschen muß, daß man anderen Kindern keine Haare ausreißen darf oder was weiß ich. Aber mich soll sie bitte rauslassen, ich bin über das Kindergartenalter hinaus. Weiß selbst nicht, warum ich mich so errege. Ein leerer Briefkasten! Nein, ehrlich, das »Leere« habe ich dazugemacht.

Lila griff den Faden auf. Ich sah es ihr an, daß sie Atem holte, und ich fragte: »Willst du was trinken? Dann könnten wir hinuntergehen. Wir haben ein hübsches Kaffee hier, da ist es gemütlich.«

Lila nickte, wir erhoben uns, ich schloß ab, und als wir unten in den hellen Raum mit seinen vielen

Topfpflanzen traten, merkte ich, wie einige Stammgäste zu glotzen begannen, als sie Lila sahen. Mich mit einem weiblichen Wesen ...

Lila mußte das auch bemerkt haben, denn sie sagte, als wir bestellt hatten: »Das gefällt mir gar nicht! Du bist ja ein Einsiedlerkrebs, machst aus mir hier eine Sensation. Das wird anders. Ich werd mich darum kümmern.«

So war sie. Schon als Pionier hat Lila sich gekümmert, hat Rollen verteilt, dirigiert, die Pädagogin oder »Prägerin« steckte damals schon in ihr.

Doch dann begann sie zu berichten: »Also von den Mädels weiß ich am meisten, ist ja klar, nicht? Drei waren mit mir im Grundkurs. Eva ist Astronomin, hockt im Schichtdienst im Pamir, und ab und zu kann man ihren Namen in einer Frauenzeitschrift lesen, wenn über Frauen in ungewöhnlichen Berufen berichtet wird. Ameli ist Bergbauingenieur geworden, lebt im Norden, schreibt zum 1. Mai die obligate Karte. Suse und Tamara arbeiten im produktiven Sektor, Suse leitet eine Werkstatt für Möbelrestauration, und Tamara produziert Kleiderstoffe.

Und die Jungs? Da ist nicht viel zu sagen. Von Egon weißt du ja selbst. Jurek sitzt auf einer Raumstation, war doch immer so verrückt nach Sciencefiction. Erinnerst du dich noch an die Schau, die er in Literaturgeschichte abzog, weil unser alter Schmittke partout Jureks Lieblingsautoren nicht akzeptieren wollte? Nun kann er selber schreiben, über die unendlichen Weiten des Raumes, über das Gefühl, nur ein Stäubchen zu sein ...

Thomas Mittelstedt ist Pädagoge geworden, und, stell dir vor, im letzten Jahr wurde er an unsere alte Schule versetzt! Hat mir Tamara geschrieben. Die hat eine verrückte Idee! Will ein Klassentreffen organisieren. Und dabei soll ihr Thomas helfen, weil er nun doch an die alten Unterlagen herankommt und so vielleicht die Adressen herausfinden kann.«

»Unsere alte Penne«, sagte ich versonnen. »War ja ein alter Kasten, bissel unmodern. Die Computer im Sprachkabinett ein wenig durchgewetzt in den Kontakten, spuckten manchmal falsche Worte aus beim Übersetzen. Wir hatten im Grunde genommen viele richtige Lehrer, findest du nicht, im Gegensatz zu modernen Schulen, die's ja damals auch schon gab.«

»Ich weiß nicht,« meinte Lila und bestellte sich noch ein Eis mit Sahne (kann ich mir doch leisten, nicht?). »Man wird auch wieder davon wegkommen, eine Tendenz ist schon zu erkennen. Die Kinder und Jugendlichen brauchen den ständigen Kontakt mit den Erwachsenen. Es genügt nicht, nur eine Aufsicht zu haben und alles den Lehrmaschinen zu überlassen. Da gibt es gewitzte Burschen.« Lila lachte und verschluckte sich dabei. »Bei mir im Elternaktiv ist auch der Schuldirektor. Der erzählte uns, da hätten so ein paar Sechzehnjährige eine Fernsteuerung gebaut, alles sehr kunstgerecht und kompliziert, und damit den Zeugniscomputer gelenkt. Du, es dauerte ein halbes Jahr, bis man der Bande auf die Schliche kam.«

Ich schmunzelte. »Tüchtig, tüchtig«, sagte ich. »Hätten wirklich eine Eins in Physik verdient.«

»Man hat sie alle sofort aufs Technikum delegiert. Erst haben sie gemault, jetzt sind sie bereits im Oberkurs und protzen noch den anderen gegenüber damit, daß sie die Erziehungskommission doch ganz schön auf den Arm genommen hätten.«

Dann schwieg sie eine ganze halbe Minute und widmete sich ihrem Eis. Es schmeckte, die kleine Stupsnase bekam Querfältchen vor Vergnügen.

»Sag mal, wann kommen die Leute zu dir, nur wenn sie Ärger haben oder sich einsam fühlen? Ist schon mal einer gekommen aus reiner Freude, weil er sich über etwas Gelungenes so gefreut hat, daß er's einfach nicht für sich behalten konnte?«

»Nein, so einer war noch nie da.«

»Und du hörst nur zu, genau wie früher in der Schule, wenn dich einer am Ärmel zog: ›Emil, komm doch mal rasch‹, genau so?«

»Fast genau so. Ich hör zu und lasse reden.«

»Und gibst ihm keinen Rat, keine Ehis, erzieherische Hinweise, meine ich? Läßt fahren dahin ...«

»Das befriedigt mich auch nicht, jedenfalls nicht in jedem Fall. Da ist Egon besser dran. Doch im großen und ganzen bin ich zufrieden.«

»Und in der Freizeit, hast du ein Hobby, was tust du so den restlichen Tag?«

In mir war das unbestimmte Gefühl, daß ich ein wenig rot wurde.

»Oh«, sagte ich, »was ich so tue? Nicht viel. Ich lese, geh spazieren, höre Musik. Treff mich mit Kollegen oder ein paar Freunden und ...«

»Und wenn du jetzt sagst ›Langeweile habe ich nie‹, dann hättest du aber ekelhaft gelogen, mein lieber Jolly! Ich kenn dich doch von Knabenhosenbeinen an. Du bist eben nicht innerlich zufrieden, weder in deinem Beruf noch in deiner Freizeit, trotz aller Kommissionen, Ausschüsse und Klubs und dem ganzen Kram. Dir fehlt etwas ...«

Ihre Augen blitzten fast kampflustig, dann fuhr sie mit samtener Stimme fort: »Es steht schon in einem uralten Buch geschrieben, daß es nicht gut sei, wenn der Mensch allein ist.«

»In der Bibel.«

»So? Egal. Aber es stimmt! Du mußt unbedingt eine Frau haben, du Zuhörer! Aber typisch Emil. Ist ein Prachtjunge und wird mit seinen über dreißig Jahren noch rot, weil er mir vorschwindeln will, wie herrlich er sich ganz allein jeden Tag so amüsiert. Ich werde die Sache in die Hand nehmen. Hier, mein Videoruf, gib mir auch deine Individualnummer, ich werde aus dir einen Menschen machen.«

»Ich dachte immer, ich wär schon einer«, versuchte ich zu scherzen, was aber mißlang, weil viel Wahres in Lilas Worten steckte.

»Ach du Mitmensch Zuhörer«, sagte sie und fuhr mir mit ihrer kleinen krabbeligen Hand mit einemmal durch die Haare. »Laß mal, die Idee mit dem Klassentreffen ist vielleicht doch nicht so ganz von der Hand zu weisen. Wer weiß, was für halblahme Hühner wir noch aufstöbern werden.«

»Demnach bin ich in deinen Augen ein halblahmes Huhn?« Ich war ehrlich gekränkt.

»Sagen wir zu Hause immer, typisch Hühnerzüchter, mußt du verstehen. Besuch mich mal dort. Wehe, dir gefallen meine zwei Mädelchen nicht! Eine heißt Ina und die Kleine Marlene. Bilder hab ich nicht mit, bin eine Rabenmutter. Mütter müssen stets Bilder ihrer Lieblinge bei sich haben! Doch« – ein Blick auf die Uhr – »ich muß jetzt wirklich gehen. Nächste Woche bin ich wieder in der City. Da ruf ich dich an, und wir machen was aus. War ganz prima, dich wieder einmal zu sehen. Tschüs, Emil!«

Wie sie da hinausging, klein, aufrecht, schlank, mit einem Wort hübsch, da spürte ich ein Gefühl, als ob ich ein Verdienst daran hätte, daß einige der anwesenden Männer Lila recht aufmerksam nachblickten.

War das ein Symptom? Ich glaube, ich muß mich einmal mit Egon aussprechen. In eigener Sache. Vielleicht hat Lila nicht so unrecht mit dem Alleinsein und ihrem Bibelwort ...

Und Lila selbst? Hatte es nicht ein ganz klein wenig zu euphorisch geklungen, wie sie von ihrer Bodenheimer Idylle voller Viehzeug geschwärmt hatte? Lag darin vielleicht ein Sichverstecken, ein Überspielen der eigentlichen Situation? Hühnerzucht als Lebensaufgabe! Sie mußte ihren Zoodirektor schon sehr lieben, um es dort auszuhalten, sie mit ihrer Aktivität und ihrem Temperament. Die Arbeit im Kindergarten – mehr eine Behelfslösung, so schien mir. Machte sie sich am Ende überhaupt etwas vor ...

Lila hatte Erinnerungen geweckt, die mich plötzlich einen Emil Löwenherz erblicken ließen, den ich jahrelang nicht mehr gesehen hatte. Teufel auch! Gab es auch bei den Zuhörern so eine Art Berufsblindheit? War es nicht auch ein kleines Stückchen Bequemlichkeit, so dazusitzen, mit freundlichem Gesicht, und den anderen reden zu lassen? Nichts tun zu müssen als zuhören, war das nicht ein Quentchen zu wenig?

Hilf Himmel, mein Musikgong erklang erneut, obgleich es schon auf 16.00 Uhr ging. Konnte der Trottel nicht lesen: Zuhören von 9.00 bis 14.00 Uhr? Doch es war ein ungeschriebenes Gesetz: in dringlichen Fällen mußte man immer bereit sein, seinen Mitmenschen beizustehen, gleichgültig, was Beruf und Metier war. »Charta humana, Absatz röm. IV.« Aufseufzend drückte ich auf den Einlaßknopf.

Was kommt danach?

Er schlug sich mit dem fürchterlichsten Problem herum, das man sich nur denken kann. Es fraß in ihm, es höhlte ihn aus, langsam, aber unaufhaltsam. Der Rotstrubbel! Natürlich, wer konnte sonst nach der allgemeinen Sprechzeit Sturm läuten! Das war heute sein dritter Besuch bei mir, stets mit großen, aufgerissenen, erschreckten Augen, die roten Haare wie immer wirr um den Kopf.

Sein erster Besuch ist mir unvergessen. Damals stöhnte er, hatte sich an die Stirn gegriffen und so begonnen:

»Die Sache ist nämlich die, ich bin Schriftsteller, und das bedeutet ja doch ein bißchen Verantwortung der Gesellschaft gegenüber. Vor allem, wenn man gedruckt und gelesen wird. Ich bin in die Liga der Schreibenden aufgenommen worden, also öffentlich anerkannt.

Vor einem halben Jahr in der Liga haben wir geschwätzt, teils auch aus neuen Manuskripten vorgelesen – eigentümlich, wie sich so ein Begriff hält, der doch gar keine reale Basis mehr hat. Wer schreibt denn noch tatsächlich mit der Hand! Na, und da fragt doch einer von der Kommission für Entwicklung, wie wir Schriftsteller uns denn den Menschen der Zukunft vorstellen. Es sei unsere gesellschaftliche Pflicht, darüber nachzudenken, welche Charakterzüge dieser Mensch tragen würde, der kosmische, der galaktische Mensch!

Und vor allem, mit welchen Problemen er sich herumschlagen müsse, dieser Mensch einer noch lichteren Zukunft. Unsere Heutigen geistig vorzubereiten, ihnen Leitbilder zu geben, Verhaltensmuster anhand von Ersonnenem vor ihnen auszubreiten, das sei unser Anteil an der Gestaltung der weiteren Entwicklung, so wie es die Aufgabe der Ökonomen, Ingenieure und Physiker sei, die Bedürfnisbefriedigung immer vollkommener, automatisierter und rascher zu sichern. Und seither komme ich aus diesem Teufelskreis nicht heraus.

Wir haben jetzt die entwickelte klassenlose Gesellschaft. Die Menschheit ist geeint, glücklich und zufrieden. Immer besser werden auch ausgefallene Wünsche und Bedürfnisse des einzelnen befriedigt. Der Weltraum wird erforscht, schon haben unsere Sternenschiffe das erste außersolare Planetensystem erreicht. Wir suchen mit immer raffinierterer Technik nach Spuren von Intelligenz, von Zivilisationen der Stufe II im Raum. Wir selbst sind in der Lage, jedweder Unbill (er sagte tatsächlich Unbill!) zu trotzen. Ja, sogar die Wirbelstürme werden wir in wenigen Jahren zerstäuben. Harmonie, Einklang herrscht unter uns, gefördert durch die Weltsprache. Jeder nach seinen Fähigkeiten, das ist die große Leitschnur unseres individuellen und gesellschaftlichen Handelns. Wir sind wahrlich ins Reich der Freiheit eingetreten. Keine Klassen, keine Staaten, keine Behörden. Kollektiv gemeinsam auf freiwilliger Basis und mit persönlicher Verantwortung jedes einzelnen für das Ganze wird der gesellschaftliche Reproduktionsprozeß geleitet. Die Bürgervollversammlung ist in jeder Gemeinde oberstes Organ. Die Kommissionen sind Trumpf! Vergessen das alte, etwas gehässige Wort aus der Übergangszeit: ›Hast du Sorgen, lieber Sohn, bilde eine Kommission!‹

Und nun der Ruf an uns Schriftsteller: Zeigt uns den Menschen der Zukunft!

Kann man sich damit begnügen, zu sagen, wenn jeder Bürger in einer Kommission tätig wird, haben wir einen höheren Grad an klassenlosem Kommunismus erreicht? Wenn es gelingt, das Sonderbedürfnis der Bürgerin Erna Schlippke nach einem singenden Staubsauger statt in vier Tagen bereits in drei Tagen zu realisieren, dann sind wir dem galaktischen Menschen wieder ein Stück näher?

Nein, so kann die von uns Schreibenden geforderte Zukunftsschau doch wohl kaum aussehen! Das Neue, wo ist denn das Neue?

Und da drängt sich mir die Frage auf: Was kommt *nach* der klassenlosen Gesellschaft? Das, was unsere Vorväter ersehnten, worum sie kämpften und litten, ist Wirklichkeit! Kein Staat, keine Klassen, ja selbst die Partei hat ihren Charakter verändert. Ist keine Klassenorganisation im alten Sinne mehr, sondern Motor, Triebkraft, ideologischer Springquell, Initiator kollektiver Prozesse, Bund der Besten ... Was also kommt danach?

›Nichts‹, sagte mir ein Theoretiker der Gesellschaftswissenschaften. ›Es geht immer so weiter. Die Produktivkräfte vervollkommnen sich ständig, die Produktionsverhältnisse sind die der vollendeten kommunistischen Gesellschaft, die Bedürfnisse werden voll befriedigt. Täglich entstehen neue Bedürfnisse, täglich geben alle entsprechend ihren Fähigkeiten der Gesellschaft ihr Bestes und entwickeln diese Fähigkeiten immer weiter. Wir können ausrechnen, wann unsere Energiebasis so groß sein wird, daß wir – von diesem Standpunkt aus gesehen – eine Zivilisation der Stufe II sind. Wir werden Kontakte mit anderen Zivilisationen aufnehmen, uns mit ihrem Wissen noch schneller entwickeln können, und so weiter und so fort.‹

›Aber was kommt nach der klassenlosen Gesellschaft? Wird diese Stufe der Zivilisation II, in der wir demnach über die gesamte Energie unseres Sonnensystems verfügen, die Herrschaft der Astrophysiker bringen? Ist das nicht unausbleiblich? Werden dann nicht die Energetiker in allen Kommissionen dominieren wollen? Entstehen da vielleicht neue Klassen, die Klasse der galaktischen Menschen im Gegensatz zur Klasse der irdischen Menschen, die Kolonisten in unserem Sonnensystem gegen die Alteingesessenen?‹

Der Gesellschaftswissenschaftler blickte mich an und stellte die Gegenfrage: ›Warum sollte dies deiner Meinung so sein?‹

›Wir entwickeln uns doch ständig weiter?‹

›Ja.‹

›Entwicklung vollzieht sich doch aber nach unserer dialektisch-materialistischen Auffassung durch die Zuspitzung der inneren Gegensätze und ihre Lösung auf höherer Ebene?‹

›Stimmt.‹

›Und das bezieht sich doch auch vor allem, wie der historische Materialismus gezeigt hat, auf die Entwicklung der Gesellschaft. Oder meinst du, der historische Materialismus habe dann keine Gültigkeit mehr, ist mit den Klassen in der klassenlosen Gesellschaft auch abgestorben?‹

Plötzlich fiel dem Gesellschaftswissenschaftler ein dringlicher Termin ein, und er hatte es sehr eilig. Ich aber stand wieder da vor meinem Problem. Klar war nur, daß im Gegensatz zu den Naturgesetzen die Gesetze der Gesellschaft nur für eine historische Epoche gültig waren. Also wird der historische Materialismus überholt sein.

Soll ich jetzt einen Roman schreiben, in dem ein Astrophysiker erkennt, daß nur er und seinesgleichen die echten schöpferischen Persönlichkeiten der Gesellschaft sind und demnach ein moralisches Recht auf die Führung der Gesellschaft haben? Eine geistige Elite der Galaktiker mit Ansprüchen, nicht irgendwie individuell motiviert durch extravagante Bedürfnisse. Nein, einfach solche Fragen zu entscheiden, ob es notwendig sein muß, durch Rückstoß die Erde näher an die Sonne heranzubugsieren, die Erdachse senkrecht zu stellen, den Kolonien auf Mars und Venus Sonderstatus zu verleihen, die Atmosphäre zu erneuern, dem Mond eine Atemluft zu geben und, und ...

Wer soll das entscheiden? Muß wieder eine Exekutive geschaffen werden? Muß sie nicht jetzt bereits vorbereitet werden, wenn wir vielleicht Kontakte mit Zivilisationen bekommen, die uns technisch zwar überlegen, gesellschaftlich aber rückständig sind und sofort darangehen werden, diesen neuen Planeten Erde für ihre Zwecke zu erobern und auszubeuten? Wer weiß das mit Sicherheit? Wird also demnach diese galaktische Gesellschaft wieder eine Klassengesellschaft auf höherem Niveau und unter völlig anderen Voraussetzungen sein?

Kein Mensch kann mir darauf etwas sagen, aber von mir wird erwartet, mich nun hinzusetzen und ein solches Zukunftsbild zu entwerfen!«

Bei diesen Worten stand er auf, schüttelte seine roten Haare, blickte mich traurig an und verließ mein Arbeitszimmer.

Er war noch einmal dagewesen und wiederholte seine Tiraden, wobei er mir eine Stufe verzweifelter erschien. Das Aussprechen hatte offensichtlich keinerlei wohltuende Wirkung, und diskutieren konnte ich schon gar nicht mit ihm, weil mir seine Fragen viel zu sehr unter die Haut gegangen waren.

Doch heute kam er grinsend herein, schmiß sich schwungsvoll in den Sessel vor meinem Tisch und blickte mich aus fröhlichen Augen an.

»Alter Schnee«, sagte er, und sein Grinsen verstärkte sich von einem Ohr zum anderen.

»Wie bitte?« Ich war wohl selten so verblüfft.

»Ist alter Schnee vom vergangenen Jahr, so heißt es in einem alten Lied. Wissen sie was? Die ganze Frage von diesem Knallkopf aus der Kommission für Entwicklung und seine Forderung an uns Schriftsteller ist Quatsch! Ja, ich war bei den Historikern.

Und was glauben Sie? Genauso hat mancher damals vor …zig, …zig Jahren auf die Schriftsteller in der Periode des entwickelten Sozialismus eingeredet. Damals war ja die Welt noch geteilt, da gab's noch Klassen und Klassenkampf, große Sorgen, Überbevölkerung, Hungersnöte, mit viel Anstrengung konnte ein dritter, atomarer Weltkrieg verhindert werden. Und da sollten die Schriftsteller das Bild des Menschen der kommunistischen, klassenlosen Gesellschaft entwerfen!

Ich habe tagelang im Archiv in alten Zeitungen und Protokollen gewühlt. Glücklicherweise bin ich sprachkundig. Und da hat mir der Satz eines der bekanntesten Gesellschaftswissenschaftler eines kleinen sozialistischen Landes sehr gefallen, der, als er über dieses Thema sprach, dazu bemerkte: ›Noch lebt keiner von uns in der kommunistischen Gesellschaft. Was wir jetzt tun, ist, die Voraussetzungen für die Grundlagen dieser Gesellschaft zu legen. Von uns aber jetzt dieses oder jenes Detail erfragen zu wollen ist barer, unwissenschaftlicher Unsinn! Noch immer ist die Praxis der Prüfstein der Theorie.‹

Und deshalb habe ich jetzt das alles geistig über Bord geworfen und schreibe nunmehr einen historischen Roman, der so im Jahre 1987 angesiedelt sein wird. Adieu!«

Zweiter thermodynamischer Hauptsatz

Er setzte sich vorsichtig, blickte zuerst genau um sich, wie um seinem Gehirn die Form und Ordnung meiner Möbel für immer einzuprägen. Sein schmalgeschnittener Kopf hatte eine Stirnglatze, die spärlichen grauen Haare hinter den Ohren und im Nacken umstanden sein Gesicht wie eine Elektronenwolke auf einem Bild des Kirlian-Effekts. Lange, etwas hagere Nase, der Mund schmallippig, so saß er vor mir, erwartungsvoll und doch abwesend.

Seinen Namen hatte er genuschelt, so daß ich nur das Wort »Professor« verstand. Ich war sehr neugierig. Einen Professor hatte ich noch nicht unter meiner Klientel.

Seine schmalen Lippen zogen sich etwas auseinander, man hätte es als ein Lächeln deuten können. Die Augen waren stumpf, glanzlos wie vom zu vielen nächtlichen Lesen. Doch als er zu sprechen anfing, war es mir, als ob synchron mit dem Sprachrhythmus plötzlich aufflackernde Lichter in seine Augen kämen.

»Ich war noch nie bei einem Zuhörer, und so möchte ich Sie mehr als einen Kollegen denn als stumme biologische Reflexionsfläche betrachten. Ich bin unterrichtet, daß es nicht Ihres Amtes ist, sich in einen Diskurs mit mir einzulassen. Das ist mir angenehm. Manchmal braucht man, um eigene Klarheit zu erlangen, einen Widerpart, einen Kontrahenten. Manchmal aber auch nur einen Menschen, um nicht an die eigenen vier Wände hinzureden.«

Dazu konnte ich nur zustimmend nicken. Demnach ein Fall, bei dem ich mir nur kleinste Bemerkungen gestatten konnte.

»Ich bin Professor an der Akademie der Wissenschaften und habe mich mein ganzes Leben lang mit Information beschäftigt. Nichts Ärgerlicheres gibt es, als wenn man plötzlich vor der Tatsache steht, daß das Ziel, das man vielleicht mehrere Jahre anvisiert hat, schon viel früher von einem anderen erreicht wurde. Man kommt sich genasführt vor, aber von wem eigentlich? Sicherlich nicht von dem fernen Kollegen aus der entlegenen Universität irgendwo in Südamerika, nein, von der Mangelhaftigkeit der Information.

Seit wir die Kristallspeichertechnik haben, hat sich das ja in den letzten fünfzig Jahren etwas gebessert. Die Archive konnten wesentlich mehr aufnehmen, der Zugriff war und ist schneller möglich, die Auswertung erfordert keine monströsen Apparate mehr, und dies alles gefördert durch die Einführung der Weltsprache.

Doch schon da ergab sich damals für mich eine Frage: Sollten wir nun im Zuge unserer Forschungen alle einschlägigen Arbeiten in die Weltsprache übersetzen lassen und umspeichern, vom Magnetsystem, von den Chips auf Kristalle? Aber da stand die schreckliche Verantwortung: Was war wert, vollständig übersetzt zu werden, wo genügte nur ein Hinweis, wo nur Titel und Autor? Wir haben uns seinerzeit für das Akademiearchiv entschlossen – auch auf die Gefahr hin, einmal Banausen geheißen zu werden –, nur knappste Hinweise aufzunehmen und auch die alten Originalia zu vernichten.«

Er machte eine kleine Pause, ihm schien vom Reden trocken im Munde zu sein.

»Darf ich Ihnen eine kleine Erfrischung anbieten?«

Sein Erstaunen war echt.

»Aber das wäre ja zu liebenswürdig, sehr aufmerksam, Herr Kollege!«

Der Servomat lieferte zwei große, von Kühle beschlagene Gläser Orangensaft, er trank mit sichtlichem Wohlbehagen und nahm kleine Schlucke, wie um den Genuß absichtlich zu verlängern. Dann lächelte er wieder schmallippig und fuhr fort: »Sehen Sie, aber es nutzt wenig. Schon vor Jahrhunderten hat ein kluger Mann einmal gesagt, daß die Zeit gar nicht mehr ferne sei, wo man bei einer wissenschaftlichen Arbeit fünfundneunzig Prozent der Zeit dafür aufwenden müsse, festzustellen, ob das, was man erforschen wolle, nicht schon erforscht ist. Heute, mein Lieber, scheint es mir, daß dieser Mann fast ein wenig zu optimistisch war. Uns hat die Kristallspeichertechnik nicht gerettet vor dem Überlaufen der Archive und Bibliotheken, sie hat uns nur einen Aufschub gewährt, der immer mehr zusammenschrumpft.

Ich bin in Sorge, in großer Sorge. Wenn das so weitergeht, dann sehe ich in abschätzbarer (er unterstrich dieses Wort mit einer zu seinem sonstigen Habitus in seltsamem Gegensatz stehenden energischen Handbewegung) Zeit die Lage so, daß ein Menschenleben nicht mehr ausreicht, um all das auf jedem beliebigen Fachgebiet zu erfassen, was schon erforscht ist. Und wenn derjenige vielleicht Glück hat und an einen Punkt kommt, von dem er ins Unbekannte blicken kann, ist er zu alt, und die meisten werden diesen Punkt nie erreichen.

Kennen Sie den zweiten Hauptsatz der Thermodynamik?«

Ich nickte zustimmend.

»Ich befürchte eine Wissensentropie, natürlich im symbolischen Sinne. Es wird so viele wissenschaftliche Erkenntnisse geben, daß der ganze Raum gleichmäßig von ihnen durchmischt sein wird. Der Fortschritt löst sich in Diffusion auf, vielleicht bleibt eine Weltwissensreststrahlung zurück, von, sagen wir, einigen tausend Bit, analog der kosmischen Reststrahlung von 3° Kelvin nach dem Big Bang. Man muß demnach gespeichertes Wissen vernichten, es auf ein erträgliches Maß zurückführen ...«

»Wollen Sie das Fahrrad alle zehn Jahre neu entdecken?« rief ich aus, entgegen meinem Vorsatz.

Er schmunzelte. »Sie haben mich verstanden. Wenn es für den Fortbestand unserer Spezies notwendig sein sollte, würde ich auch das befürworten. Doch es geht mir noch um etwas anderes. Haben wir überhaupt die technischen Möglichkeiten, unser heutiges Wissen so zu ordnen, daß es, sagen wir, in einer menschlich vertretbaren Zeit in den einzelnen Fachgebieten so überschaubar wird, daß ein einzelner tatsächlich begreifen kann, wo das Schlupfloch zum Neuland, sprich zur weiterführenden Forschung, ist? Dazu müssen wir aber in völlig anderen Dimensionen denken lernen.

Ich könnte mir vorstellen, daß die Mondoberfläche, wenn man sie mit einem Kristallcomputer der übernächsten Generation – die bereits projektiert wird – überziehen würde, gerade ausreicht, um die, wie ich sage, Wissensentropie um rund tausend Jahre hinauszuschieben. Das wäre ein Weg. Und dann gibt es immer noch zwei Möglichkeiten: Entweder wir stoßen in diesen tausend Jahren endlich auf fremde, uns überlegene Zivilisationen, dann könnten wir vielleicht einen erstaunlichen Sprung nach vorne machen. Oder, wenn sie sich als aggressiv entpuppten, würde die Menschheit in einen Entscheidungskampf über Sein oder Nichtsein eintreten.

Oder die andere Variante. In tausend Jahren haben wir vielleicht den Jupiter gebändigt und könnten um ihn eine schwebende Hülle aus Speicherkristallen ziehen, was dann sicherlich für die nächsten zehntausend Jahre ausreichend wäre.«

Mir schwindelte leicht. Wie er mit den Jahrtausenden umging, als ob es sich nur um einen kleinen Spaziergang um die nächste Ecke handele!

»Ich will versuchen, mein Mondprojekt der Akademie vorzulegen. Bei Ihnen wollte ich mich selbst testen, ob ich genug Feuer für die Sache gefangen habe und auch vielleicht aus Gründen des Temperaments unlogisch gewesen sein sollte. Wenn ja, dann ist es richtig. Um so etwas Umwälzendes vorzuschlagen, muß man eine Portion Sturheit, ja sogar Beschränktheit haben, sonst ist man den Gegenargumenten zu leicht zugänglich.«

Er lehnte sich zurück, lächelte und legte die Spitzen seiner Finger aneinander. Dann bat er, ob er noch ein Glas des köstlichen Getränks haben könnte. Mit sichtlichem Wohlbehagen leerte er das zweite Glas in raschen Zügen. Nichts mehr von den vorsichtigen, greisenhaften Schlucken.

»Na, wie steht's? War das für Sie interessant, neu, aufregend?«

Ich errötete. »Wissen Sie, es ist alles ein wenig überraschend. Vor allem der Gedanke, das Wissen sozusagen einmal einzufrieren, damit es einem nicht über dem Kopf zusammenschlägt. Geistige Maschinenstürmerei, würde ich sagen.«

Er stand auf. »Gut«, meinte er. »Ich will mich ja nicht mit *Ihnen* streiten, streiten werde ich in der Akademie. Doch Sie haben die Brisanz der Dinge erfaßt. Und für mich war es ein gutes Training für meine Überzeugungskraft.«

Als er gegangen war, holte ich mein altes Physikbuch – es war noch ein Buch, kein Magnetband und auch beileibe noch kein Speicherkristall – und begann über den zweiten thermodynamischen Hauptsatz von der Entropie nachzulesen.

Warum hat keiner Zeit?

Ein Klopfen riß mich aus meiner Lektüre. Da hatte ich doch glatt den Musikgong überhört. Rasch steckte ich die alte Physikschwarte weg.

Auf mein »Herein« öffnete sich die Tür ein wenig, und durch den Spalt lugte der Kopf eines kleinen Jungen. Kurzgeschorene blonde Haare, Stupsnase, Sommersprossen, helle, aufgeweckte Augen. Erst stutzte ich, dann fiel mir ein: Heute war ja Mittwoch, unterrichtsfreie Wochenmitte wie immer.

»Sind Sie ein Zuhörer?« fragte der Junge, und seine schmächtige Gestalt schob sich ins Zimmer. Er war mager, ein Renner, in kurzen Hosen, wie sie jetzt – oder wieder – in Mode waren, blauer Köper, die Ränder ausgefranst. Seine Beine, oje, so dünn waren meine auch einmal. Die Knie standen hervor wie zwei Knorren an einem alten Apfelbaum. Und natürlich zerschrammt, mit Narben versehen, wie es sich gehört.

»Wissen Sie«, sagte der Junge, zog die Tür hinter sich zu und kam näher. »Ich muß mich einmal aussprechen. Und dazu sind ja die Zuhörer da, nicht?«

Ich nickte freundlich, »ja, dazu sind wir da«, und bot ihm den weichen Besuchersessel an. Er aber lehnte ab. »Bin's so gewohnt«, sprach er wie ein Alter, »beim Reden auf und ab zu gehen, wenn es Sie nicht stört?«

»Nicht im geringsten. Aber etwas zu trinken nimmst du, oder ein Eis?«

Er blickte geringschätzig. »Eis ist was für Mädchen. Aber einen Trunk, den lehne ich nicht ab.«

Ich lächelte in mich hinein, als ich auf den Servo-Knopf drückte. Das mußte wirklich ein besonderer Junge sein. Wie raffiniert er das Modewort »drink« umspielt hatte mit seinem antiquierten »Trunk«!

Er ließ es sich schmecken, unterbrach aber dabei seine Wanderung nicht.

Ich war wirklich gespannt, war es doch der erste

Junge, oder sogar besser gesagt Jugendliche, der mich aufsuchte.

»Sagen Sie«, meinte er und stellte sein geleertes Glas auf die Schreibtischkante, »warum schreibt man so viele Bücher über Kindererziehung und Pädagogik, und warum hat man so wenig Zeit für uns? Und diese blöden Zensurencomputer, als ob die einen Menschen richtig beurteilen könnten, seine Stimmungen, Gefühle! Nein, der sieht bloß stur in seinem Speicher nach, ob die erwartete Antwort erfolgt ist. Aber wenn man mal eigene Gedanken aussprechen will, bums, da hast du deine Vier weg!«

Das war also des Pudels Kern! Er murrte mit den Zensurengebern. Da mußte ich ihm allerdings im stillen zustimmen, auch ich hielt das für reichlich übertrieben und war immer dafür, mehr richtige Lehrer in die Schulen zu schicken. Wir hatten ja damals in unserer Penne noch Glück, weil unsere Rechner so veraltet waren …

»Und unsere zwei Lehrer, die haben eben nie Zeit. Der eine ist ja prima, aber für die oberen Klassen, und unsere … Dauernd fallen die persönlichen Konsultationen aus, weil sie zu irgendeiner Konferenz oder Kommission muß. Doch was wird aus uns? Manchmal denke ich, unser Zensurencomputer steuert das absichtlich, druckt heimlich Einladungen für Fräulein Müllerstein, damit er uns in ihrer Abwesenheit so recht zwiebeln kann.«

»Na«, sagte ich, »gib mir mal ein Beispiel, mein lieber …« Hier schob ich eine Kunstpause ein, denn ich hätte doch zu gerne gewußt, wer mein Gegenüber war. Doch ich hatte ihn unterschätzt.

»Lieber Genosse Löwenherz«, sagte er, »ich ziehe es vor, anonym zu bleiben. Das ist mein Recht, müssen Sie zugeben. Und ich trau eben den Erwachsenen nicht!«

»Ist dein Recht«, antwortete ich. Aber daß er so pauschal formuliert hatte, er traue den Erwachsenen nicht, das gab mir doch einen Stich. Das Bürschchen mochte so zwischen zwölf und dreizehn Jahren sein, und schon so viele schlechte Erfahrungen?

»Aber ein Beispiel? Bitte. Sie wissen doch, die kollektive Erziehung ist Trumpf. Alles im Kollektiv, Kollektiverlebnisse, Kollektivsympathien etc. Nun haben wir in unserer Klasse eine große Zahl von Fußballfans. Ich aber interessiere mich eben nicht für Fußball. Ich schmökere viel, beschäftige mich mit Astronomie, soweit ich es eben schon verstehe, ich will einmal auf einer Lunarstation arbeiten.« Seine Augen glänzten, Oma Möller stand vor mir mit dem Farbbildchen ihres Steffen in der Hand. »Da, wo der Pfeil ist, wohnst du, Uroma!« Ja, ich verstand ihn.

»Und da meinten doch einige, weil ich nie an den Sonnabenden mit der ganzen Meute zum Fußball gegangen bin, ich würde mich vom Kollektiv absondern. Als ich die Gegenfrage stellte, warum ich immer allein in der Schulsternwarte hocken würde, und das nicht nachmittags, sondern nachts, wenn die anderen Herren Kumpels zu schnarchen pflegten, da wollten sie mir eins wegen individuellem Hochmut überbraten. Natürlich wollte ich nicht klein beigeben, aber mein Vater meinte, ich könne ihnen ja die Freude machen und ab und zu mit zum Fußball gehen.

Und ich ging. Aber da war erst was los! Ich hab dauernd fast Prügel bezogen, mal von den eigenen, mal von den anderen. Wenn ich ›feste druff‹ rief, hatte mich einer am Wickel und schrie aus vollem Hals: ›Schiebung, Schiebung!‹ Wenn ich ein Tor bejubelte, bekam ich eine Faust ins Genick, weil es die anderen waren, die den Unseren eins reingewürgt hatten. Ich hab das bis heute nicht begriffen und will es auch gar nicht. Doch der Taschenspeicher hatte alle meine Ausrufe mitgeschnitten, und der Zeugniscomputer gab mir wegen mangelndem kollektivem Verhalten in Betragen eine Vier. Ist das gerecht? Warum darf es denn keine Jungen geben, die sich nicht für Fußball interessieren? Unser Fräulein Müllerstein war in dieser Angelegenheit für mich nicht zu sprechen.

Ich tat's ja nicht gerne, aber ich wollte doch meine Eltern nicht im unklaren lassen, was da im nächsten Zeugnis stehen würde.

Meine Mutti: ›Keine Zeit, Junge, muß zur Kommission, du weißt doch, ohne mich geht's dort nicht ...‹ Doch ich denke manchmal, ihr ist es zu Hause einfach zu langweilig. Liest nicht, spielt sich keine Musik vor, nein, ist immer auf Achse. Und mein alter Herr? Brubbelt los: ›Hab'ch dir gesacht, mitmachn mußt, brülln, wenn de anderen brülln, immer deine Extratouren!‹

Als ich ihn dann fragte, wie er sich denn so vorstelle, sich mehr Zeit für seinen Sohn zu nehmen, ich hätte da einiges zu bereden, da ging's aber los: ›Ich hab andre Sorchn, steht mir schon zum Hals. Mit Muttern kann mer ja nischt besprechn, se ist ja immer gesellschaftlich unterwegs, und du verstehst das noch nich.‹ ›Ich verstehe wohl‹, sagte ich, ›denn du schimpfst ja andauernd auf deine Arbeit, auf deine Kollegen, auf eure Kommission, auf die schlechte Qualität des Materials ... Aber warum bleibst du dann dort? Wir lernen immer, daß die Arbeit das erste Lebensbedürfnis geworden ist und jeder nach seinen Fähigkeiten tätig sein soll. Vielleicht entspricht eine andere Tätigkeit mehr deinem Lebensbedürfnis, oder deine Fähigkeiten liegen auf einem anderen Gebiet?‹

Beinahe wäre er in die Barbarei zurückgefallen

und hätte mir eine Maulschelle verpaßt. Doch ich war flinker und bin ihm ausgewichen. ›Hat man Töne, der eichne Herr Sohn bezweifelt meine Fähigkeiten? Unerhört!‹

›Aber wenn das nicht so ist, dann laß doch das Schimpfen sein.‹ Ich kam gerade noch zur Türe hinaus, er hat seinen Pantoffel nach mir geschmissen. Und nun frage ich Sie als Zuhörer: Warum haben die Erwachsenen keine Zeit für die Kinder? Muß das so sein? Ist das, was man uns in der Schule beibringt, falsch? Ich denke immer, der Mensch lebt so lange, im Durchschnitt doch einhundertfünfundzwanzig Jahre, da ist es doch nur natürlich, wenn sich in so einer langer Zeit auch Bedürfnisse und Fähigkeiten ändern. Ist es so selten, wenn einer seine Arbeit wechselt? Ich hab mir immer vorgestellt, daß Arbeit mir in erster Linie Freude machen soll.«

»Ist das nicht ein wenig egoistisch?« warf ich ein.

»Wieso? Wenn sie mir Freude macht, setz ich doch voraus, daß es bei den anderen genau so ist. Und mit Freude geht alles besser. Klar, daß die Jungs, die Freude am Fußball haben, auch besser Fußball spielen als ich. Aber in Astronomie, da bin ich besser, weil mir das eben Freude macht. Als Fußballspieler könnte ich nie für mich in Anspruch nehmen: Jeder nach seinen Fähigkeiten. Aber vielleicht einmal als Astronom. Was meinen Sie?«

Nun hatte er seine Wanderung aufgegeben und sich gesetzt. Erwartungsvoll blickten seine hellen Augen. Was sollte ich ihm sagen? Daß sein Vater ein zurückgebliebener Kleinbürger und seine Mutter eine gesellschaftliche Betriebsnummer war? Das hatte er längst selbst herausgefunden. Am besten, ich bestärkte ihn in seiner Berufsabsicht.

»Astronom ist sicherlich eine sehr interessante Tätigkeit. Und ein Gebiet, in dem noch vieles aufzuklären ist. Aber man muß schon eine Menge können und auch Ausdauer haben. So auf dem Pamir zu sitzen oder, wie du es willst, auf dem Mond – allerhand Nerven gehören dazu. Ich kenne eine alte Oma, deren Urenkel ist auf einer Mondstation.«

Er war gleich Feuer und Flamme. »Ob ich die einmal besuchen kann? Oma Möller im neuen Feierabendheim? Darf ich mich auf Sie berufen? (Wie weltmännisch!) Wissen Sie, was ich mir ausgedacht habe? Sie sollten mal für die Eltern Seminare im Zuhören organisieren. Das wär nötig. Tun Sie's! Oder gibt's so was schon im Tele? Aber direkter ist besser. ›Der unmittelbare Kontakt‹, sagt Lehrer Mittelstedt immer.«

»Thomas Mittelstedt? Mensch, Junge, dann gehst du ja auf meine alte Penne!« Und nun war ich der Erzähler und schwatzte und schwatzte.

Er hörte interessiert zu. »Sehen Sie, jetzt haben wir dafür den neuesten Zensurencomputer, den es gibt. Sie waren noch Nutznießer der veralteten Technik. Aber trotzdem. So ein Elternseminar wäre für uns Jungen und Mädchen wichtig. Damit die Großen sich Zeit für uns nehmen. Genossen Thomas darf ich einen Gruß bestellen? Dann kommt die Sache sicher rasch in Schwung. Nochmals vielen Dank!«

Er schien ganz befriedigt Abschied genommen zu haben. Aber ich überlegte mir, daß er wirklich absolut im Recht war. Eltern müssen ihren Kindern zuhören. Zuhören ist das Fundament des Vertrauens. Man sollte ein Elternexamen einführen oder irgend etwas in dieser Richtung. Eine Schande, wenn ein Zwölfjähriger zu einem Zuhörer kommen muß, weil niemand Zeit für ihn hat!

Und mich befielen plötzlich gelinde Zweifel an meinem Beruf. Das Zuhören auf einen Fachmann abzudelegieren, war das eigentlich nicht zu simpel? Mein halbes Jahr Berufspraxis hatte mir ja schon allerlei vor Augen geführt, aber so deutlich wie bei diesem Jungen hatte ich es noch nie empfunden: Zuhören müßten im Grunde alle können!

Der Großvater

Heute war einer bei mir, der Sorgen mit seinen Enkeln hatte. Es war ein kleiner, zierlicher Mann, mit schon angedeuteter Glatze, der da vor mir saß und sein Lamento los wurde.

»Ich habe drei Enkel, müssen Sie wissen. Sieben, neun und elf Jahre sind die Burschen jetzt. Aufgeweckte, gewitzte Kinder, das möchte ich schon sagen.«

Doch dann seufzte er. »Aber mir machen sie Sorgen. Sie sind, wie soll ich sagen, schon so überklug. Der Große schmeißt da mit Fachausdrücken um sich, ist ganz in seinen Computer vernarrt, ja fast schon vercomputerisiert. Hat gar nichts anderes mehr im Kopf. Spielt nicht, liest nicht, bosselt nur noch an dem Ding herum. Soll ja sehr anregend sein, sagt man. Und andererseits, wenn sie mich besuchen kommen, sind sie so fürchterlich wohlerzogen im gesellschaftlichen Sinne, so geprägt als zukünftige Bürger mit Bedürfnissen und Fähigkeiten, so geformt für ehrenamtliche Kommissionsarbeit, daß mich das Schaudern packt.

Das sind ja keine Kinder mehr, durchzuckt es mich da, das sind verkleinerte Erwachsene, was soll um Gottes willen daraus einmal werden?«

Er seufzte tief und zog seine Brieftasche heraus.

Er kramte darin, brachte dann ein Foto zutage und reichte es mir.

»Hier sind die drei ›Rangen‹, hätte ich beinahe gesagt. Aber es sind eben leider keine Rangen, nicht mal eine Schramme oder ein aufgeschlagenes Knie, und immer sauber und adrett, zum Kotzen!«

Er erschrak und blickte mich, Verzeihung für den Ausdruck heischend, an. »Wir müßten«, und er hob dabei beschwörend seinen zierlichen und hageren Zeigefinger, »bereits im Kindergarten uns bemühen, das Kreative zu wecken, das Originelle, dem Individuellen seinen Auslauf zu geben, den Witz und die Beobachtungsgabe zu schärfen, anstatt den Kindern Verhaltensmuster einzuprägen!«

Fast verächtlich hatte er dies gesagt, und mir fiel sofort Lila ein, ihre gekrauste Stupsnase und wie sie sich um diese Verhaltensmuster bemühte.

»Spielen sollen sie, mit Plastilin, mit Ton, mit Farben, alles vollschmieren dürfen. Vielleicht malt dann ein Vierjähriger ganz spontan mit rosa Farbe an die Wand einer Bedürfnisanstalt ›$E = mc^2$‹. So müßte man die künftigen Einsteins heranbilden. Ob sie dann Geige spielen wie der große Albert oder Klavier oder Videoorgel oder malen oder Möbel bauen, das ist im Endeffekt egal. Nur nicht so entsetzlich steril sollten sie aufgezogen werden.

Auch der Sozialismus kannte so eine Phase. Damals gab's auch welche, die wollten, daß es die Kinder einmal leichter haben sollten als ihre Eltern. Aber der Schuß Romantik und Abenteuer fehlte, und als man den bewußt einbaute, durch Ferienexpeditionen, durch Tobeplätze, durch internationale Wettbewerbe für Kinderzeichnungen, Singeklubs, Fremdsprachenfestivals, Mathematikolympiaden und dergleichen, bekam man die Sache glücklicherweise wieder in den Griff.«

»Aber«, fuhr er fort, »um in der Zukunft was zu ändern, müssen wir schon heute anfangen. Ich hab da ganz radikale Ansichten. Wir belasten die Gehirne unserer Jugend mit völlig überflüssigem Zeug. So regen wir auch die großen Reserven, die in jedem Hirn schlummern, keineswegs an. Was sollten die jungen Leute in erster Linie lernen? Wie man sich des Vorhandenen bedient, das ist das Wichtigste! Wer kann denn in einer Kreisspeicherbibliothek wirklich selbständig souverän schalten und walten? Das gehört in den Grundkurs. Statt dessen lernen sie alle wichtigen Schaltungen, wie und warum ein Kristall speichert. Das ist Blödsinn, darauf sollten sich die spezialisieren, die später einmal Kristallspeicher bauen wollen.

Doch wie das ändern? Hab ja schon der Elternversammlung meine Meinung gesagt, zum Entsetzen der Lehrer. Aber es gab doch einige Großväter und Großmütter, auch etliche Eltern, die mir zugestimmt haben.

Wenn ich da an meine Jungend denke – ach du liebe Zeit! Wir waren ja auch eingespannt, aber an Streiche und Dummheiten haben wir immer gedacht und auch welche gemacht. Soll das denn alles aus und vorbei sein?«

Ich verneinte und forderte ihn auf, ruhig weiterzureden. Er aber stand auf, reichte mir seine alte Hand und sprach: »Nun ist mir leichter. Hab es einmal ausgesprochen, was mich alten Mann bewegt, und ich werde vielleicht doch einen Brief an die Bildungskommission schreiben. Unbedingt werde ich das!«

Intermezzo I

Lila war wieder dagewesen. Steckte den Kopf zur Türe herein und fragte: »Ist's gestattet, Genosse Zuhörer?«

Sie sei nur rasch vorbeigekommen, um wegen des Klassentreffens Bescheid zu sagen. Leider würde es wahrscheinlich nichts werden. Bis jetzt hätte sie nur sechs Adressen aufgetrieben, und das würde sich doch im Grunde genommen nicht lohnen, nicht wahr? »Soviel Zeit habe ich nicht, um mich an allerlei mögliche und unmögliche Stellen zu wenden. Lassen wir es eben sein.«

»Das ist schade«, sagte ich. »Es war schon ein toller Einfall. Stell dir mal vor, die ganze Bande wieder einmal zusammen, und jeder quatscht und erzählt ...«

Sie unterbrach mich. »Ja, ja, es wär so schön gewesen. Aber nicht sein kann, was nicht sein darf ... Ist ja Quatsch, natürlich darf es sein, aber es kann eben leider nicht. Mein Mann ...« Sie stockte.

»Was ist mit deinem Mann?«

»Vermiest hat er mir die ganze Sache! Es wäre ein romantischer nostalgischer Anfall, hat er gesagt und mich ausgelacht, einfach ausgelacht! Kannst du dir das vorstellen?«

»Vorstellen, ich kenn ihn ja nicht.«

Lila seufzte. »Ja, du kennst ihn nicht.«

Das »du« hatte sie ganz lang gezogen, ganz so, als wolle sie mir daraus einen Vorwurf machen.

Ich wollte ablenken. »Und was macht die Hühnerzucht?«

Sie schreckte auf. »Die Hühnerzucht? Ach ja, sie legen Eier, die Hühner, brav und wie sich's gehört.« Dann schwieg sie wieder vor sich hin.

Ich stand auf. »Wollen wir wieder unten einen Kaffee ...«

»Nein, heute lieber nicht.«

Sie blickte mich an. Es war ein langer, trauriger Blick mit ein bißchen Angst gemischt – und mit Erwartung. »Ich bin heute so kribbelig, komme mir vor, als wenn ich in einer Krise stecke ...«

»Sprich dich aus, dazu bin ich ja da.«

»Ja, dazu bist du da.«

Es klang fast aggressiv, und ich wurde verwirrt. So kannte ich Lila gar nicht, so – verunsichert. Was war da los, zum Teufel?

»Willst du nicht doch mit mir reden?« fragte ich so sanft und teilnahmsvoll, wie ich nur konnte.

Da sprang sie auf. Ihre Augen blitzten. »Nein, ich will nicht reden, nicht mit dir! Ich will gehen!«

Und ohne sich noch einmal umzudrehen, ging sie zur Türe hinaus. Nicht einmal die Hand hatte sie mir gegeben.

Da saß ich nun, Emil Löwenherz, staatlich geprüfter Zuhörer, und Lila war gegangen. Sie gab mir schon Rätsel auf, diese Liliana! Das erste Mal hatte sie so richtig begeistert von ihrem Landleben in Bodenheim erzählt. Schon damals hatte ich den dumpfen Verdacht gehabt: zu dick aufgetragen, hält nicht! Und heute erschien sie mir direkt depressiv. Nur weil ihr Mann das Klassentreffen für einen romantischen Einfall hielt? Das konnte der wahre Grund nicht sein.

Vielleicht war das in Bodenheim gar keine Idylle mit Händchenhalten und Hühnerstreicheln? Aber wer kennt sich schon in den Frauen aus, zumal ich mit meiner geringen Erfahrung. Eigentlich eine Schande. Zuhörer, das schoß mir durch den Kopf, sollten vor der Zulassung nachweisen, daß sie mindestens dreimal unglücklich verliebt waren ...

In der Nacht hatte ich schlecht geschlafen, von Lila geträumt, von der alten Schule und vom Klassentreffen. Ganz zerschlagen stand ich auf, machte mir einen starken Kaffee und stellte den Türgong um. Heute war mir nicht nach Mozart. Chatschaturjans »Säbeltanz«, das war das Richtige.

Die Unterirdischen

Kurz nach neun Uhr schlug mein Türgong an. Ein massiger Mann mit Glatze und klobigen, kräftigen Händen betrat mit hartem Schritt mein Arbeitszimmer. Sein Handschlag bei der Begrüßung ließ mich fast in die Knie gehen. Dann setzte er sich, blickte sich um und nickte zufrieden.

Und er las laut meinen Spruch hinter dem Schreibtisch, dabei jede Silbe betonend:

»Jeder nach seinen Fähigkeiten.«

»Aber wer bestimmt letzten Endes über meine Fähigkeiten?« rief er aus. »Klar, die Bildungskommission betrachtet die Zeugnisse, ich war ein Spätzünder, mehr als das Pensum der achten Klasse wollte nicht in meinen Kopf. Das war die entscheidende Weichenstellung. Da hieß es eben: manuelle Fähigkeiten gut, grobe Kraft ausgeprägt, ab zur Dienstleistung, Abteilung K.«

»Abteilung K?« fragte ich. Das hatte ich noch nie gehört. Offen gestanden, es war auch noch niemand bei mir als Klient gewesen, der nach der achten Klasse seinen Bildungsgang beendet hatte.

»Das ist die Kanalisation. Glauben Sie nur nicht, das wäre schon alles automatisiert, was da so unter uns hinwegfließt, stinkt und blubbert. Für die größeren Rohrdurchschnitte gibt's die automatischen Maulwürfe, aber wenn sich so die Rohre in Häuser und Stockwerke verzweigen, das schafft kein Automat, dazu müßte er ständig seinen Durchmesser verändern können und um spitze Ecken herumfahren. Das können nur wir mit unseren elastischen Stahlruten und Geräten.«

»Wer ist ›wir‹?«

»Na die, von denen keiner redet, weil sie nicht gerade gut riechen, wenn sie von ihrer Arbeit ans Tageslicht kommen, wir Gullyarbeiter. So nannte man uns im klassischen Zeitalter.«

»Das gibt's noch?« entfuhr es mir.

Er triumphierte. »Sehen Sie, das ist es ja gerade, warum ich hier bin. Da schwärmen sie in allen Medien von der klassenlosen Gesellschaft, von der Arbeit als erstem Lebensbedürfnis. Können Sie sich ein Lebensbedürfnis vorstellen, das darin besteht, die Exkremente seiner Mitmenschen mit einem Aluminiumlöffel aus einem Rohrwinkel zu kratzen, damit hoch oben der Herr X wieder seinen gewienerten Allerwertesten auf die rosarote Klosettbrille setzen kann, um in Frieden seine Notdurft zu verrichten?

Sehen Sie, da liegt der Hund begraben. Gesellschaftliches Bedürfnis, das ja, das ganz GROSS geschrieben, aber kein erstes Lebensbedürfnis. Uns braucht man, man kann auf uns noch nicht verzichten. Aber geben – im gesellschaftlichen Sinne – tut es uns nicht.

Haben Sie schon einmal in irgendeiner Zeitung, in irgendeinem Plastfilm das Loblied auf den Gullymann gehört, der dort im Dustern tief unter allen Füßen und Schienen und Leitstrahlen seine Arbeit verrichtet, damit nicht irgendwann einmal aus den schmalen Spalten der Luftschächte sich eine stinkende Jauche über den ›Platz der Neuen Gesellschaft‹ ergießt? Und daher sage *ich*: Wir sind die Parias unserer Gesellschaft. Man übergeht uns diskret. Wir sind ja die, deren Fähigkeiten eben nicht weiter reichen, als mit Schöpfkelle und Bürste den Verstopfungen zu Leibe zu rücken …

Aber mein Aquarium sollten Sie einmal sehen: Guppys und Schleierschwänze, dazu Seeanemonen, automatische Be- und Entlüftung, automatische Fütterung, alles selbst gebastelt: jeder nach seinen Fähigkeiten!«

Er grinste breit und schlug zur Bekräftigung mit seiner Faust auf meinen Schreibtisch. »Das kann mancher nicht, der meint, seine geistigen Fähigkeiten sind optimal zum Wohle von uns allen eingesetzt. Mit Spätentwicklern rechnet man gar nicht in der Bildungskommission.«

»Umschulung?« warf ich schüchtern ein. Die Faust hatte mir imponiert.

Er war ehrlich erstaunt. »Umschulung, warum? Ich tue doch eine sehr nützliche Arbeit. Da muß man eine Menge Kniffe und Tricks lernen und beherrschen. Sagt sich so leicht: Gullyarbeiter! Aber wenn da ein Kabel defekt ist, und sie müssen mit so einer urtümlichen Handlampe herumkrabbeln, da sind sie manchmal nicht so sicher, ob und wie sie das Licht der Welt wieder erblicken.

Früher war das ganz anders. Da gab es den ›Tag des Kommunalarbeiters‹, und da waren immer auch ein paar von uns unter den Ausgezeichneten. Denken Sie ja nicht, daß ich doof bin!« Fast sagte er dies in drohendem Ton. »Ich hab sogar eine der alten Sprachen gelernt und in den Zeitungen herumgestöbert. Das war so: In der Klassengemeinschaft waren wir anerkannt, waren ein Teil der herrschenden Klasse.

Doch heute? Wer vertritt unsere Rechte? Sie meinen sicherlich, das sei nicht nötig? Passen Sie auf: Seit nunmehr sechzehn Jahren bin ich dort unten am Werke. Und ob Sie es glauben oder nicht: Kein einziger Mensch hat sich jemals bei uns sehen lassen, nehmen wir einmal den unmittelbar verantwortlichen Ingenieur aus. Keine Kommission ›Saubere Städte‹, kein Umweltschützer, kein Hygieniker, kein Vertreter der Bürgervollversammlung, niemand, merken Sie auf: *niemand*!

In all den Jahren keine einzige Notiz über unsere Tätigkeit, nicht einmal unter ›Lokales‹ oder ›Was sonst noch geschah‹. Und es geschah doch weiß Gott allerhand! Hätte man nicht schreiben können: ›Um die Toiletten im ‚Haus der Kultur‘, die durch das hygienisch gleichgültige individuelle Verhalten unserer Mitbürger nicht mehr benutzbar waren, schnellstens wieder gebrauchsfähig zu machen, haben neun Kollegen der Dienstleistung, Abteilung K, über ihre tägliche Arbeitszeit von vier Stunden hinaus einen freiwilligen Zusatzdienst von acht Stunden geleistet und dadurch ein wichtiges gesellschaftliches Massenbedürfnis befriedigt. Dank und Anerkennung den schlichten Männern der Kanalisation.‹

So was haben Sie bestimmt noch nie gelesen.

Ich habe meine Kollegen mit Mühe davon abgehalten, als wir vor einigen Tagen mit der Brigade ›Kommunistisch leben‹ gemeinsam einen alten historischen Film aus dem Jahre 1982 gesehen hatten, sich Transparente zu malen und auf die Straße zu gehen: ›Wer kennt uns, wer weiß von uns, wir sind die Stinkmaulwürfe der klassenlosen Gesellschaft.‹ Oder ein anderer wollte schreiben: ›Klassenlose Gesellschaft? Ihr kennt die Parias aus der Kanalisation nicht!‹

Was hätten wir damit erreicht? Wahrscheinlich nichts. Die ›Kommission für öffentliche Ordnung‹ hätte endlich wieder einmal eine Aufgabe bekommen, nämlich uns zu zerstreuen und unsere Plakate zu beschlagnahmen. Doch das wäre zuviel der Ehre.

Ich schlug vor, zu einem Zuhörer zu gehen, um mir meinen Kollektivgroll einmal herunterzureden und meinen Kollegen dann zu berichten, was für Gefühle ich dabei hatte. Ehrlich gesagt, bisher empfinde ich rein gar nichts.«

Ich sprang auf und rannte in meinem Zimmer hin und her.

»So kann das auf keinen Fall weitergehen«, rief ich aufgebracht. »Wenn Sie sich in Ihrer Arbeit mißachtet, nein, schlimmer noch, *unbeachtet* fühlen, ist das ein schlimmes Zeichen. Daß man dabei unmöglich davon sprechen kann, Ihnen sei Ihre Arbeit zum ersten Lebensbedürfnis geworden, liegt auf der Hand. Ist es Ihnen recht, wenn ich die ganze Sache in die Hand nehme und an die ›Kommission für dialektische Konflikte‹ herantrage?«

Er nickte beifällig. »Gut, Emil Löwenherz, übernehmen Sie das!«

Da hatte ich mir etwas eingebrockt, doch ich wollte und mußte es auslöffeln. Wenn es schon diesen unerfreulichen Beruf noch aus technischer Notwendigkeit geben mußte, dann aber auch die gesellschaftlich notwendige Anerkennung und Aufmerksamkeit!

Von Pontius zu Pilatus bin ich gelaufen, bis ich endlich bei der Kreisleitung der Partei einen fand, der die nötige Courage hatte, etwas zu verantworten. Und so stieg eines Tages eine kleine Schar vermummter Gestalten im »Haus der Dienstleistungen« eine steile, etwas glitschige Treppe hinab, um die Kumpel »vor Ort« zu begrüßen. Es war eine Delegation der Bürgervollversammlung, Vertreter der verschiedenen Kommissionen, und auch Television und Presse waren dabei.

Erst wollten es die Männer in den gelbbraunen Schutzanzügen, die mit ihren Masken und Geräten beinahe wie altertümliche Kosmonauten aussahen, nicht glauben, als sich die ebenfalls vermummte

Suite ihrem Einsatzplatz unter dem Juri-Gagarin-Hotel näherte.

Dann aber gab es ein ganz unprogrammgemäßes »Hallo« und »Mensch, kieck mal, die kommen tatsächlich«, und die feierliche Rede des Vorsitzenden der »Kommission für saubere Städte« ging im Geglucker einer Schnapsflasche unter, die einer der Gullymänner grinsend aus der Seitentasche seines Schutzanzuges hervorzauberte. Im Scheinwerferlicht fand die Verbrüderung der Unterweltler mit den Oberweltlern statt, und das Ganze endete mit einem allgemeinen Schulterklopfen und Wortfetzen, die sich mit dem Rauschen der geheimnisvollen Abwässer mischten, wie: »Wenn wir euch nicht hätten ...«, »Prima, seid ja gar keine so feinen Pinkel, wie wir dachten ...«, »Eine große Reportage über euch schreiben ...«, »Morgen abend guck ich mir deine Guppys und Schleierschwänze an ...«

Ich stand in einer Nische und betrachtete dies alles mit einer seltsamen Wehmut. Mußte es erst so weit kommen? Doch als mich mein Klient plötzlich entdeckte, mich am Ärmel in die Mitte zerrte und schrie: »Das, Kumpel, ist der Emil Löwenherz, bei dem ich damals war«, und als das »Hoch, hoch, dreimal hoch« auf mich sich dumpf in den Gängen und Gemäuern der unterirdischen Stadt brach, da war ich seit langer Zeit so richtig zufrieden mit mir.

Aufgekratzt fuhr ich nach Hause. Doch komisch, die Freude über den Erfolg hielt nicht lange an. War es denn ein Erfolg gewesen? Wer würde übermorgen noch an die Gullymänner denken? Man hätte etwas ganz anderes tun müssen: die besten Köpfe dransetzen, um diese unwürdige Arbeit ebenfalls automatisieren zu können, die Gullymänner aus dem Gully zu befreien! Das einmalige

Händeschütteln, damit konnte es nicht getan sein. Und ich setzte mich hin und schrieb eine Eingabe an die Kreisleitung, daß der Kampf für die Gullymänner erst jetzt begonnen habe und man unverzüglich eine Kommission für eine technische Lösung des Problems bilden müsse ...

Magenschmerzen

Für heute zehn Uhr hatte sich ein Arzt bei mir angesagt. Das war noch nie da! Ich war sehr verblüfft über seinen Anruf, denn daß er sich seine Sorgen bei einem Zuhörer von der Seele reden wollte, war schwer zu begreifen. Er als Arzt konnte doch bei seinen psychiatrischen Kollegen – er selbst sei Chirurg – jederzeit eine Kurzanalyse machen lassen. Aber eben das wollte er offensichtlich nicht und zog es vor, zum Zuhörer Emil Löwenherz zu gehen.

Sicherlich hatte er Assoziationen zu meinem Namen hergestellt, denn empfohlen hatte mich niemand. Er habe sich meine Adresse aus dem Videofonbuch herausgesucht.

Löwenherz zu heißen und dann nur Zuhörer zu sein war fast schon ein wenig komisch. Ein solcher Name gebührte eher einem Raumfahrkapitän, einem kühnen Kolonisator auf fernen Jupitermonden, einem Sternensegler, der zum Aldebaran, zum Alpha Centauri oder Barnard-Stern gegondelt war, in Hybernisation versunken, Zellaktivität gegen Null.

Und doch, was konnte ich machen? Schon Vater, Groß- und Urgroßvater et cetera hatten ja Löwenherz geheißen. Zugegeben, fast ein Jahrhundert lang hatte es so ausgesehen, als würden die Familiennamen verschwinden und als wäre der individuelle Mensch nur noch durch seine Identitätsnummer gekennzeichnet. Dann hatten aber doch die Leute gesiegt, die auf dem Fortbestand der Namen beharrten. Zu Recht. Die Nummern-Kommissionen wurden abgeschafft, das war eine der letzten Taten der Weltregierung gewesen, die sich bald darauf für nicht mehr notwendig zur Leitung der gesellschaftlichen Prozesse erklärt und sich selbst aufgelöst hatte.

Hoffentlich war der Arzt nicht enttäuscht, einen solchen Löwenherz vorzufinden, wie ich einer war. Nicht gerade mickrig, aber beileibe kein Muskelheld, kein strahlender Ritter mit blitzendem Auge. Ohne Brille bin ich fast blind. Zwar bin ich ein flotter Wanderer, aber über viel körperliche Schönheit habe ich nie verfügt.

Der Doktor lag mit sich selbst im Hader, war unzufrieden mit seiner Arbeit, mit dem, was er leistete.

Das sagte er so: »Sehen Sie, die heutige Medizin ist so weit fortgeschritten, daß man im Prinzip uns Ärzte als aktive Berufsgruppe glatt abschaffen könnte. Die Infektionskrankheiten gibt's nicht mehr. Sie werden nur noch gelehrt, um Vergleiche zu haben, wenn eine unserer Expeditionen irgendwo im Weltraum auf einen Himmelskörper trifft, auf dem es von uns noch unbekannten Bakterien, Viren und dergleichen wimmelt, woraus dann eine Gefahr für die Mannschaft und eventuell beim Rückflug für die ganze Erde entsteht. Doch das ist in den letzten hundert Jahren nur zweimal vorgekommen, und die Mondquarantäne ist ein garantierter Schutz für unsere Bevölkerung.

Was bleibt weiter? Die Erbschäden. Können wir ausklammern, denn schon in der Schwangerschaft ist ja klar ersichtlich, was mit dem Föten los ist. Fehlende oder falsche Gene werden ersetzt oder ausgetauscht ohne jede Sensation. Das macht man ja auch schon seit langem, das ist Routine, dazu braucht es keine Ärzte.

Bleiben die Unfälle. Höchst selten, müssen Sie zugeben. Seit wir die elektromagnetischen Leitstrahlen auch auf den Nebenstraßen und in den neuen Siedlungsgebieten haben, seit die Gigantourbanisierung überwunden ist, sind Unfälle direkt eine Rarität geworden.

Aber was ist mit den Abnutzungserscheinungen, den Stoffwechselstörungen, mit den Organtransplantationen, mit den Risikogeburten? In der Tat, das ist der kleine Winkel, in den sich die irdische Medizin zurückgezogen hat. Die Immunschwäche AIDS haben wir ja erfolgreich durch allgemeine Impfung überwinden können.

Was bin ich nun eigentlich? Der Patient kommt zu mir, mit der fertigen Diagnose und allen Untersuchungswerten in der Hand. Denn ehe er zu mir gelangen kann, muß er zum DIAGCOM, zum Diagnosecomputer. Das ist obligat, spart natürlich Zeit und Nachdenken. Der beschäftigt sich so eine halbe Stunde mit ihm, zapft alle Körpersäfte an, untersucht, analysiert, vergleicht und drückt mir das ausgedruckte Ergebnis in die Hand: Hoher Blutdruck, linke Niere nicht voll funktionsfähig. Für nächsten Transplantationstermin vormerken.

Und ich kann dann nur noch sympathisch lächeln und dem Patienten gut zureden. Geben Sie zu, daß es ein leichtes wäre, das ebenfalls durch den Computer machen zu lassen!

Dann kommt er zur Operation. Was mache ich? Ich lächle erneut vertrauenerweckend, zeige ihm sein Zimmer, eine lebendige Krankenschwester gibt es auch noch, kein Servomat, nein, eine Lore Schmidt oder Tamara Iljankowa oder weiß der

Teufel. Sie haben ja alle ihren Namen groß an der Arbeitskleidung zu stehen, ich auch.

Und die Operation selbst erfolgt durch die mit Bioströmen geleitete zentrale Apparatur. Ich sitze nur daneben und bewege ein bißchen meine Hände und Finger, um den Operateur optimal auszusteuern. Und das auch nur im entscheidenden Stadium der Operation. Alles andere macht das Gerät alleine.

Sehen Sie, was soll der Quatsch: ›Die Ärzteschaft unseres Planeten hat wieder eine neue Errungenschaft zum Wohle des Menschen in die Tat umgesetzt‹, und wie die Artikelchen sonst noch überschrieben sind? In Wahrheit sind wir überflüssig geworden. Es würden wenige genügen, für die Forschung und die Überwachung der Automatik, also für Operationen und dergleichen.

Das, was man früher Arzt-Patient-Vertrauensverhältnis nannte, hat gar keine Existenzgrundlage mehr. Es ist Schall und Rauch. Ja, wenn man sagen würde: Patient-moderne-Technik-Vertrauensverhältnis, da käme man der Sache schon näher. Aber haben Sie schon einmal gehört, daß nach einer solch gelungenen Operation – und sie gelingen heute alle – ein Patient zum DIAGCOM gegangen ist und sich bei ihm für die ausgezeichnete Diagnose bedankt hätte? Nein, aber die lebendige Schwester Lore oder Tamara, die bekommen zum Abschied ein Pralinchen, ein Kaffeechen oder dergleichen, und sie hat nichts getan, als daß sie wahrscheinlich der einzige lebendige Mensch außer mir und den anderen Kranken war, den der Patient in der Klinik zu Gesicht bekommen hat.

Weiß der Teufel – entschuldigen Sie, das ist auch so ein eingefahrener Ausdruck bei mir –, im Grundsätzlichen stimmt etwas nicht. Ich denke sehr stark daran, den Chirurgen an den Nagel zu hängen und umzusatteln, Psychologie, irgendwas, das noch mit den Menschen zu tun hat. Sie als Zuhörer müßten es doch wissen: Die Menschen unserer Zeit haben doch auch ihre Probleme und Sorgen?«

Ich nickte zustimmend.

»Mir ist natürlich völlig klar, daß dies andere sind als zur Zeit unserer Großmütter. Aber wo sich einer mit Problemen herumschlägt, sich mit etwas quält, da schläft er schlecht, bekommt Magensäure. Zum Teuf..., warum soll dies anders sein als vor tausend Jahren? Biologisch hat sich unsere Spezies, wenn wir mal von den Erbkrankheiten absehen, ja nicht verändert. Doch wohin geht er mit seiner Schlaflosigkeit und seinen Magenschmerzen? Unsere Leute sind doch heute so technikerzogen, daß ihnen der Gedanke, das Brennen im Magen könnte mit ungelösten beruflichen oder privaten Problemen zusammenhängen, gar nicht kommt. Und da meine ich, beim Zuhörer, da redet man sich doch alles von der sogenannten Seele herunter. Und wenn jetzt der Zuhörer noch ein Arzt wäre ...«

»Aber die Leute gehen eben nicht gern zum Psychoanalytiker. Das hat so einen Geschmack. Sie wissen doch, daß wir nicht einmal ein harmloses Rezept verordnen dürfen.«

»Das ist ja der Blödsinn! Wir wissen doch so unendlich viel, aber jeder weiß es für sich. Und jeder meint, das, was er weiß, sei weiß Gott schon genug Wissen. Um Himmels willen nicht zugeben, daß man weniger weiß als der Kollege, als der aus einem anderen Beruf. Denn dann könnte man ja vielleicht dümmer sein als der DIAGCOM oder irgend so ein Hilfsgerät aus Halbleitern, Laseroptik und Bioschaltelementen.

Ich will eine Kommission zur natürlichen Behandlung des Menschen gründen: frische Luft, gesunde Nahrung, vernünftige Lebensweise, das ist besser als jeder DIAGCOM und jede Transplantation ...«

Ich wollte schon sagen: ›Gehen Sie da nicht entschieden zu weit‹, schluckte es aber hinunter, schließlich war ich ja immer noch Zuhörer und kein Polemiker.

»Einen neuen Rousseau müßten wir haben, doch was rede ich? Handeln müßte man, Gleichgesinnte sammeln, früher hätte man eine Partei gegründet. Aber eine Kommission – das ist gut, noch besser sogar. Natürlich bleibt die Medizin als Wissenschaft eng mit allen elektronischen und biochemischen Techniken verbunden. Davon soll nichts abgestrichen werden. Aber vermenschlichen müssen wir sie, diese verfluchte, überwältigende, großartige, verführerische Technik, vermenschlichen! Ihr zeigen, wer der Herr im Haus ist, darauf kommt's an.«

Dann stand er auf und blickte mich scharf an. »Sagen Sie mal, Ihr Magen ist wohl auch nicht so ganz in Ordnung? Hier, rufen Sie mal an, meine Videonummer. Ich glaube, am Donnerstag zwischen drei und vier hat der DIAGCOM noch ein halbes Stündchen Zeit für Sie.«

Disput mit einem Farnkraut

Im Grunde genommen sah er gar nicht aus, als ob er Probleme hätte, die ihn einen Zuhörer aufsuchen ließen. Er war etwa in meinem Alter, kräftig, durchtrainiert, mit hellen, wachen Augen. Nur die nachdenkliche Falte über der Nasenwurzel ließ ahnen, daß es im Denken dieses jungen, unbekümmert wirkenden Mannes etwas geben müßte, was eben diese Falte verursachte.

Am Rockaufschlag trug er das Zeichen des Kosmonauten. Und er kam auch unverzüglich und ohne Umschweife auf seinen Beruf zu sprechen.

»Ich gehöre zur dritten Staffel, bin Astrogator und war schon bis weit über die Jupiterbahn hinaus draußen. Jetzt hatte ich ein Jahr Sendepause, mußte meine Dissertation liefern. Über die Anfänge der Raumfahrt. War manchmal aufregend, all die alten Filme zu sehen, sie agierend zu erleben, die wir nur von erzenen, lorbeergeschmückten Tafeln kennen: Gagarin, Titow, Armstrong, Aldrin, Collins, dann später Abelein, der als erster Mensch auf dem Mars landete, die Sheppards, Kowetzki, Tojokata, Isakow, Müller. Sie haben die Namen gewiß auch einmal mit Ehrfurcht ausgesprochen, so im Pionieralter, schätze ich.«

Er lachte, sympathisch, etwas laut, aber nicht aufdringlich.

»Nun, ich habe mich vor allem mit der Geschichte jener Zeit herumgeschlagen, um mein Thema voll auszuloten, hab russisch und englisch gelernt. Es war erstaunlich, was sich da für eine Welt vor mir auftat. Alles im Prinzip nichts Neues, alles schon gewußt. Aber die Vergangenheit so unmittelbar im Film zu sehen, wo gibt's das denn noch? Ich habe als Schlußfolgerung bei meiner Verteidigung vorgeschlagen, mehr von den Film- und Fernseharchiven Gebrauch zu machen. Da liegt ein Kapital brach, das wir zur Veranschaulichung dringend brauchen. Dann verstehen wir auch heute unsere eigenen Probleme besser.

Der Bau der ersten Raumschiffe war ja eine Schinderei! Aber nicht nur dort, in vielen anderen Industriezweigen arbeitete man in drei Schichten. Vor allem in den sozialistischen Ländern wurde eine große Arbeit geleistet, um die Menschen davon zu überzeugen, die wertvollen Maschinensysteme voll auszulasten und ›rund um die Uhr‹ die Schichten zu fahren.

Ich habe bei mir immer und immer wieder gedacht, was müssen das für Menschen gewesen sein! Ob sie sich damals bewußt waren, daß sie uns, ihren fernen Nachfahren, das Leben nach der Devise: Jeder nach seinen Fähigkeiten, jedem nach seinen Bedürfnissen, dadurch überhaupt ermöglichten, weil sie eben zur maximalen Intensivierung übergingen? Aus diesem Dreischichtsystem waren zum Beispiel die Frauen keineswegs ausgeschlossen.

Ich habe mich bei meinem Studium der Anfänge der Raumfahrt auch mit meiner eigenen Familie beschäftigt. Es hat mich plötzlich ungeheuer gereizt, zu erfahren: was haben denn deine Vorfahren zu dieser Zeit gemacht, als Gagarin als erster Mensch die Erde umrundete, Leonow als erster Mensch frei im Raum schwebte und die Apollo-Besatzung als erste Menschen ihre Fußabdrücke im Mondstaub hinterließen?

Zum Glück habe ich einen alten Onkel, der als Hobby alles gesammelt hat, was unsere Familie betrifft. Von ihm erhielt ich Auskunft. Das war ein merkwürdiges Gefühl: Damals, zur Zeit von Gagarins Flug, war gerade der Stammvater der Webers aus Berlin nach dem Westen, wie man damals sagte, hinübergewechselt. Das muß sozusagen in letzter Sekunde gewesen sein, denn im August des gleichen Jahres machte die Regierung der damaligen DDR die Grenzen dicht. Warum er aus Leipzig für zwanzig Pfennig – das war eine Geldwährung – in die ›Freiheit‹ fuhr? Darüber gab's nur zwei Briefe. In einem beschwor er seine Frau, ihm mit dem Jungen nachzukommen. Die wollte aber nicht. Sie hatte ihre Eltern und Geschwister in Leipzig, die Ehe war am Auseinanderbrechen, und sie lockte diese Art von Freiheit offenbar nicht. Und der zweite Brief war dann die Einwilligung zur Scheidung. Dieser Ahnherr war ein kleiner Antiquitätenhändler in der damals als Messeort berühmten Stadt gewesen. Vom Sohn der daheimgebliebenen Ahnfrau stammen wir heutigen Webers ab. Keine Ahnung, ob diese Dame im grauen Jahr 1961 politisch engagiert war und deshalb der DDR die Treue hielt, ob sie einfach froh war, den unbequem gewordenen Ehemann loszuwerden, ob sie aus der Enge eines dunklen Ladens in die Helle eines Kindergartens fliehen wollte – sie wurde nämlich damals Kindergärtnerin –, ich weiß es nicht.«

Wieder lachte er, aber ich hatte das Gefühl, daß diese Geschichte nicht der eigentliche Grund seines Kommens war.

Er wurde ernst und sagte, wobei sich die Augenfalte verstärkte: »Was mir noch aufgefallen ist: damals haben schon Laien und Wissenschaftler leidenschaftlich die Frage diskutiert, ob die Menschheit allein im All sei. Abgesehen von der Science-fiction-Literatur gab es eine ganze Reihe beachtlicher Symposien und Kongresse, auf denen diese Frage breit diskutiert wurde. Die Geister entzündeten sich an einem französischen Nobelpreisträger, dem Genetiker Monod, der aus philosophischer Sicht heraus behauptete, das Leben auf der Erde und insbesondere der Mensch seien ein einmaliger Zufallstreffer der Natur. Das ist natürlich grob vereinfacht dargestellt, aber darauf lief es hinaus.

Bis heute haben wir ja immer noch keinerlei Kontakt mit anderen Zivilisationen, obgleich niemand mehr an deren Existenz ernsthaft zweifelt. Daß sich Leben auch außerhalb der Erde entwikkeln kann, hat die Raumfahrt praktisch seit langem bewiesen, auch wenn es sich nur um primitive Formen handelt, aber es ist Leben. Leben, zumindest in unserer Definition und Vorstellung.

Was aber, wenn es Leben, ja sogar Intelligenz gäbe, deren Existenzform für uns mit unseren Sinnen und Apparaturen als ›Leben‹ zu erkennen gar nicht möglich wäre? Vielleicht, weil es Mikrowelten sind, wie ich es in einem phantastischen Roman las, Staaten im Atomkern, Liebestragödien auf einem Elektron! Oder es sind Gigantowelten, und wir sind zu klein, um das Ganze als lebend zu erfassen, wir krabbeln wie Fliegen auf dem Rücken eines Gigantofanten und halten das Ganze für ein graues Gebirge, und der Cañon ist in Wirklichkeit nur eine Hautfalte, weil uns der Überblick fehlt. Solche Gedanken sind mir bei meinem letzten Raumflug gekommen.

Kennen Sie den Namen Albert Schweitzer? Ich bin auf ihn gestoßen, als ich mich auch mit Afrika zur damaligen Zeit befaßte. Ein Satz von ihm hat mich besonders fasziniert. Da steht der große Musiker, Bachforscher, Arzt und Humanist am Ufer des Ogowe und sagt von sich selbst: ›Ich bin Leben, das leben will – inmitten von Leben, das leben will.‹

Und wenn ich jetzt irgendwo dort draußen aus meiner Rakete steige und meinen Fuß auf einen Jupitermond setze, trotz aller Voruntersuchungen, Analysen und Wissenschaft schaudere ich und denke: vielleicht ist das, auf das du jetzt trittst, auch Leben, das leben will! Wir haben nur keinen Zugang zu ihm, keine Kommunikationsmöglichkeit. ›Disput mit einem Farnkraut‹, wäre das nicht ein schöner Titel für ein expressionistisches Gedicht? Aber im Ernst, hier sehe ich unsere Grenzen und vielleicht auch unser Unvermögen.«

Er schwieg und stützte den Kopf in die rechte

Hand. Es war, als ob er in sich hineinlausche.

Ich sagte: »Vielleicht ist es doch besser, einen Arzt aufzusuchen? Mir scheint, Sie sind einfach psychisch überfordert. Erst Ihre Doktorarbeit und dann gleich wieder hinaus! Das würde ich doch dringend raten.«

»So? Ich fühle mich aber völlig in Ordnung. Dann haben Sie mich also auch nicht verstanden? Schade. Ich hatte es gehofft. Aber das ist sicherlich zu weit weg, Sie können nichts dafür ... Trotz aller Schönheit – der Raum ist grausam. Ja grauenvoll, wenn man wie ein Stäubchen im Nichts treibt, sich auf blinkende Lämpchen und gute Lötstellen im Computer verläßt und nie weiß, ob die Erde einen wieder begrüßen wird ...«

Er stand auf und ging.

Ich hatte zuerst das Gefühl, versagt zu haben. Aber was hätte ich ihm sagen sollen? Nein, der Rat mit dem Arzt war richtig. Ich konnte da nichts machen – verflucht auch!

Ich ging hinunter in das kleine Café und bestellte mir einen doppelten Klaren. Zuvor aber hatte ich das Schild angehängt »Heute keine Sprechstunde mehr« und den Musikgong abgestellt. Der Besuch des Kosmonauten war mir an die Nieren gegangen. Hatte er doch die uralte Frage in mir aufgerührt: woher kommen wir, wohin gehen wir? Und was ist Leben wirklich? Disput mit einem Farnkraut! Es soll ja Leute geben, die mit ihren Blumen sprechen, und diese sollen es ihnen mit wunderschönem Gedeihen und farbenprächtigen Blüten danken ... Eine Rose ganz zart streicheln und ihr zuflüstern: du bist auch Leben – das müßte aufregend und wunderbar zugleich sein. Oder sich vorzustellen, wenn man einmal tot ist, wandert irgendein Atom deines Körpers in ein Gänseblümchen – nichts vergeht wirklich, alles schließt sich zum Kreis ...

Ich weiß nicht mehr, wie lange ich da unten saß. Die Kellnerin schreckte mich mit ihrem schüchternen Stimmchen auf: »Wenn Sie bitte zahlen möchten, ich habe Schichtwechsel ...«

Der Sündenfall

Heute habe ich gegen meine Berufsehre gesündigt. Berufsehre? Mehr gegen den Kodex der Zuhörer, eben nur zuzuhören. Ich habe geredet, zugeredet, nicht polemisiert, das nicht, zu meiner Ehre!

Das kam so: Kommt da eine Frau zu mir, so Mitte Vierzig, kurzgeschnittene Haare, vereinzelt weiße Fäden. Das Gesicht noch glatt, eher rundlich, leichter Ansatz eines Doppelkinns, ein mütterlicher Typ. Sie hatte liebe braune Augen. Als sie sich vorstellte: »Amanda Zumsteg, Zerstörer«, glaubte ich zuerst, mich verhört zu haben.

Doch es stimmte. Diese kleine Frau mit den braunen Augen war Zerstörer. Und da lag auch ihr Problem.

»Immer war ich fürs Bewahren, hab noch allerlei Krimskrams von meinen Jungs aufgehoben, für die Enkel, für alle Fälle. Von Haus aus bin ich Ökonom. War in einem Betrieb und hab dort die Bedürfniskommission fachgerecht beraten. Und nun hat mich die Bürgervollversammlung zum Zerstörer gewählt. ›Sie hat Erfahrung in der Ökonomie, ist eine Frau mit ausgeglichenem Charakter, hat ihre drei Söhne zu guten klassenlosen Kommunisten erzogen, kurzum, sie verdient das Vertrauen der Allgemeinheit‹, so sagte der Vorsitzende. Was konnte ich dagegen argumentieren?

Nach den ersten vierzehn Tagen wollte ich alles

hinschmeißen und davonlaufen. Wissen Sie, wie es in so einer Zerstörerzentrale zugeht?«

Ich verneinte.

»Passen Sie auf. Aus allen Magazinen werden die Artikel, die dort länger als ein halbes Jahr in den Regalen liegen, zentral angeliefert, zum Zerstörungsplatz. Ich begriff ja, daß es volkswirtschaftlich wichtig, ja unerläßlich ist, diese Gebrauchsgegenstände zu demontieren, nach verschiedenen Rohstoffen aufzuteilen, Plaste hier, Buntmetall dort, Polyesterstoffe da. Und dann werden sie wieder eingeschmolzen oder zerstückelt und in die automatischen Fabriken geleitet. Immerhin können wir auf diese Weise über achtzig Prozent unserer Rohstoffe abdecken, fast ein Perpetuum mobile.«

»Interessant«, sagte ich. In ihren letzten Worten hatte doch so eine kleine Nuance von Stolz durchgeschimmert, als ob dies doch schon recht erfreulich wäre. Aus alt mach neu, fiel mir ein. Irgendwo in einem historischen Schmöker hatte ich diesen Slogan aufgeschnappt.

»Interessant?« Sie schnupfte ein wenig, als ob ihr etwas in die Nase gefahren sei. »Deprimierend, das ist es!«

»Aber das Beinahe-Perpetuum-mobile«, warf ich ein.

»Ist es eben nur beinah«, rief sie. »Wußten Sie, daß fast fünfundsechzig Prozent der gesamten Energie unseres Planeten dazu dienen muß, unseren Kulturmüll zu beseitigen? Dabei ist in dieser Zahl die Rückgewinnung der Rohstoffe, das Recycling, eingeschlossen. Und mehr Menschen sind beschäftigt, nicht mehr Benötigtes zu beseitigen, mögliche daraus entstehende Schadstoffe zu vernichten, als es Leute gibt, die Neues herstellen, und noch weniger, die das Neue vorher entwickeln und planen. Ich bin, wie schon gesagt, Ökonomin, und ich sehe die Zeit kommen, in der die Menschheit vor lauter Bemühen, noch die Nase aus dem eigenen Verbrauchsmüll in die Luft zu stecken, keine Zeit und keine geistige Kapazität mehr hat, um an etwas Neues überhaupt zu denken. Dann werden wir wieder zur einfachen Reproduktion übergehen müssen und froh sein, wenn jeder ein dichtes Dach über dem Kopf und jeden Tag satt zu essen hat.«

»Ist das nicht doch zu pessimistisch gesehen, Frau Zumsteg? Bleibt nicht noch so viel offen, so viel zu tun, um es einfacher und besser zu haben? Sicherlich müssen wir noch manches lernen …«

»Und ob«, unterbrach sie mich. »Ich will Ihnen einmal sagen, was man da von mir als Zerstörer so alles verlangt: Funkelnagelneue Sachen sind es, die da angerollt kommen. Zweihundert Videoplastgeräte vom letzten Jahr allein in unserer Stadt. Warum besteht kein Bedürfnis mehr nach ihnen? Das letzte Modell hat bei der drahtlosen Fernsteuerung ein grünes Glimmlämpchen, das alte, das mir da angeliefert wurde, ein orangenes. Und die Leute geben eben im halbdunklen Wohnzimmer dem grünen den Vorzug. Auf die Idee, einfach das Lämpchen oder die Farbfolie, durch die es hindurchleuchtet, auszutauschen, kommt niemand! Dafür gibt es keine Leute, zweihundert Lämpchen auszutauschen, und selbst in einem Service-Laden eines zu holen und zu Hause einzusetzen, ach i wo! Außerdem hat der Service gar keine, weil kein Bedarf, das hab ich getestet. Also müssen die zweihundert Geräte ab zu mir, fachkundig zerlegt werden, und weiter geht's, irgendwo am Weißen Meer ist die unterirdische automatische Zentrale der Videoplastgeräte.«

Do it yourself, fiel mir ein anderer Uraltspruch ein, damals hatten die Leute offenbar noch Zeit und Freude am Fummeln. Aber Frau Zumsteg fuhr schon fort, war richtig in Fahrt.

»Oder nehmen Sie die Mode. Das ist wirklich sagenhaft. Manchmal denke ich, es gibt mehr Schlagersänger, deren Porträts in Leuchtfarben mit Stereoeffekt auf Pullis und Nickis aufgedruckt werden, als es Jungs und Mädchen der jeweiligen Konfektionsgröße auf unserer ganzen Erde gibt!

Der moralische Verschleiß – enschuldigen Sie, ein alter ökonomischer Ausdruck, der heute eigentlich gar keine Basis mehr hat – ist ungeheuer! Und das regt mich auf. Kann man nicht ein allgemeines Schlagerporträt entwerfen, das, sagen wir mal, für zwei Jahre gängig sein könnte ...?«

»Und was würde man dadurch gesellschaftlich erreichen?«

Sie zuckte die Schultern. »Vom Sparen zu reden ist ja altmodisch geworden. Wir haben's ja – wie gesagt, zu über fünfundachtzig Prozent aus Rückgewinnung.

Aber ist da nicht irgendwas in den Köpfen der Leute nicht in Ordnung? Ich hab mich damals, während meines Ökonomiestudiums, sehr für Philosophie und Gesellschaftsformationen interessiert. Sind das denn noch echte, volkswirtschaftlich relevante Bedürfnisse, wenn ich einen Pullover nach einem halben Jahr vernichten soll, nur weil das aufgedruckte Porträt im Bewußtsein einiger Jugendlicher durch ein neues Idol verdrängt wird?

Das erreicht ja noch ganz andere Dimensionen. Denken Sie an die Elektrowagen. Nicht nur von Geschwindigkeit und Fahrkomfort das Neueste, nein, auch Lackierung, Design ..., mal Vergißmeinnicht auf der Kühlerhaube, mal Schaukelpferdchen auf dem Kofferraumdeckel. Glauben Sie, daß auch nur einer auf die Idee kommt, seinen Wagen umspritzen zu lassen, einen Designer zu bestellen, um vielleicht Kasperlepuppen draufzumalen? Nein, weg mit dem ganzen Fahrzeug. Die Form bestimmt, nicht mehr der Inhalt.«

Sie schwieg eine kurze Zeit. Ich griff den Faden auf: »Form und Inhalt, ein altes Problem, das uns heute aber nicht mehr berührt, hab ich recht? In unserer Gesellschaft, in der eben die individuelle Bedürfnisbefriedigung oberstes Gesetz der Produktion ist, ist dies doch unausbleiblich, und der Zerstörer hat einen hohen gesellschaftlichen Stellenwert. Die Menschen sind das Wegwerfen einfach gewöhnt …«

Sie fuhr auf. Ihre braunen Augen blitzten.

»Eben gegen dieses Gewöhnen muß man etwas machen. Ich könnte zum Beispiel bei der Rohstoffkommission Beschwerde einlegen. Das habe ich einmal versucht. Da ging es um Batterien für Tonkristallgeräte. Die neue Sorte hatte eine Lebensdauer, die nur ein Jahr über der alten lag. Aber das hätten Sie hören sollen: Zur Herstellung der neuen Batteriezelle benötige man alle alten Modelle, um die Rohstoffe daraus zu extrahieren. Gelänge dies nicht, müsse man eine neue Raumexpedition zum Ganymed entsenden, denn nur dort sei der Primärrohstoff in ausreichender Menge zu finden. Und das würde doch wohl an Aufwand und Einsatz, schon rein energetisch gesehen, in keinem Verhältnis zum relativ einfachen Einsammeln der alten Batterien stehen. Wie sollte ich dagegen argumentieren.«

»Hm«, sagte ich, denn das erschien auch mir fast unmöglich. »Aber liegt es vielleicht daran, daß wir es überhaupt gestatten, jedem jeden Wunsch, und sei er noch so ausgefallen, sofort zu erfüllen?«

Sie blickte mich durchdringend an. »Wollen Sie mich zu einer Äußerung über unser Erziehungssystem provozieren?«

»Aber nicht doch«, wehrte ich erschrocken ab. »Ich habe als Zuhörer meine Schweigepflicht wie jeder Arzt oder Psychoanalytiker. Aber ich bin auch nur ein Mensch, und manchmal kommen mir da Zweifel, wenn ich bedenke, was schon alles vor diesem Schreibtisch ausgesprochen wurde.«

Die blitzenden Funken wichen einem Lächeln. Dann seufzte sie. »Man sollte wirklich mehr unsere Klassiker lesen, was Marx über die Befriedigung der Bedürfnisse geschrieben hat. Daß man auch den Gebrauch des Genusses lernen müsse. Das haben anscheinend heutzutage viele vergessen. Ja, auch der Genuß will erlernt sein, damit es eben nicht zu solchen Dingen kommt, mit denen ich mich täglich herumschlage. Nicht daß Sie meinen, ich denke da an eine These von der allgemeinen Anspruchslosigkeit eines weiland Mao Zedong. Wir wissen viel zu gut, was uns das gekostet und zurückgeworfen hat. Nein, es ist viel komplizierter. Wissen Sie, im Sozialismus konnte man noch sagen, Achtung vor der Arbeit des anderen, meine Hand für mein Produkt. Produzent und Konsument waren eins. Aber heute? Ohne vollständige Automatisierung – die Dienstleistungen ausgenommen – wäre ja unsere heutige Gesellschaft gar nicht mehr denkbar.

Manchmal erscheint mir, die Kolonisatoren auf Mars, Venus und bald auch auf anderen Himmelskörpern, das sind die eigentlichen Nachfahren unserer Klassiker. Sie kämpfen noch um die Aneignung, um die Verwertung der Natur. Wir haben das hinter uns. Die Ökologie des Planeten ist intakt und vollständig wiederhergestellt, seit alle Produktionsstätten unterirdisch sind und auch das Klima immer besser beherrscht wird. Natürlich arbeitet jeder nach seinen Fähigkeiten und erhält nach seinen Bedürfnissen.

Doch wissen Sie, manchmal frage ich mich, arbeitet der und der wirklich nach seinen Fähigkeiten? Ich kenne Leute, die ihre Fähigkeiten überschätzen, und niemand macht sie darauf aufmerksam oder verändert ihre Tätigkeit. Und ich kenne auch welche, die untertreiben, sie haben es dann gemütlicher, aber nicht, wenn es um ihre Bedürfnisse geht … Manchmal fehlt mir da irgendwas, ein Regulans, das kann nicht die Gemeindevollversammlung und auch keine Kommission ersetzen.«

Ich hielt den Atem an. »Meinen Sie vielleicht, man habe zu früh … die Regierung …, den Staatsapparat …?!«

Sie nickte ein paarmal mit dem Kopf. Ganz ernst blickten ihre Augen.

Mir wurde komisch. War da nicht etwas dran an ihrer Meinung? Nein, problemlos war unsere klassenlose Gesellschaft nicht, gewiß nicht! Und ich fühlte mich als viel zu kleines Licht, um allein eine Antwort, eine Lösung zu finden. Aber es war da, es schwelte unter der Oberfläche, so ein allgemeines Mißbehagen gegenüber denen, die angeblich alles wußten und auf alles sofort eine Antwort parat hatten …

Intermezzo II

Lila hat mich videofoniert. Sie hatte die Unterweltsszene in Colorstereovision gesehen und war begeistert. »Endlich mal ein Wort zur rechten Zeit«, meinte sie und gratulierte mir mit fast überschwenglichen Worten.

Verlegen wollte ich ablenken, aber Lila sagte: »Nein, sei nicht so bescheiden! Ich will dich wiedersehen, Emil. Wann kann ich kommen?«

»Wann bist du mal in der City, weg von deinen Hühnern und anderem Getier, Mann und Kinder eingeschlossen?«

Das hätte ich nicht sagen sollen. Lilas lustige Nase schien mit einem Male feucht zu glänzen, sie konnte sich nicht beherrschen, und unter Naseputzen und verschluckten Schluchzern antwortete sie: »Ich bin schon seit vierzehn Tagen in der City. Tamara hat mich aufgenommen.«

»Aufgenommen?« Ich begriff immer noch nicht. »Warum bist du denn nicht in Bodenheim?«

Nun brach der Wasserfall los. »Ich bin weggelaufen, ganz einfach weg, begreifst du denn nicht? Mein letzter Besuch bei dir gab den Ausschlag. Ich bin gar nicht mehr zurück ...«

Ich muß sehr dumm geschaut haben, denn plötzlich fuhr sie mich wütend an: »Guck doch nicht so blöd. Das ist dir wohl in deiner Praxis noch nicht untergekommen und im Leben erst recht nicht. Ach, Emil!« Und die Nase wurde wieder feucht, und mir wurde ganz komisch im Magen.

»Was ist, kann ich dir helfen, komm doch, dich aussprechen!«

»Kann ich nicht. Brauch dich nicht. Stockfisch warst du ja schon immer ...« Ihr Bild wurde blasser und blasser, die Verbindung war abgebrochen.

Lerne einer die Frauen kennen. Erst »Wann kann ich kommen?« und jetzt »Brauch dich nicht!«

Ich schnappte meinen Mantel, weil es ein wenig nieselte, und rannte los.

»Ei der Daus«, sagte Egon, als ich, die Tropfen von den nassen Ärmeln schüttelnd, vor seiner Türe stand. »Komm herein, berühmter Kollege. Kommst du dienstlich zum Polemiker oder zu Egon?«

»Laß den Quatsch«, sagte ich ruppiger, als mir zumute war. »Ich muß mit dir reden. Es geht um Lila. Sie ist ihrem Mann davongelaufen, unmittelbar nachdem sie mich besucht hatte, haust jetzt bei Tamara und hat das Ganze satt.«

»Ei der Daus«, meinte Egon, schlug sich dann aber selbst auf den Mund und wurde rot. »Eine saublöde Angewohnheit, entschuldige. Na, dann wollen wir mal in die gute Stube gehen. Elli, leg noch ein Gedeck auf, Emil ist gekommen.«

Elli freute sich ehrlich. Sie war Redakteurin und sagte mir gleich, die Sache mit den Gullymännern hätte ich ganz großartig gemacht, als ob es in unserer Gesellschaft keine dramatischen Erlebnisse mehr gäbe, kein persönliches Leid ...

»Eben deshalb bin ich hier«, meinte ich.

»Du hast Sorgen?« Ellis Augen wurden groß vor Erstaunen, beinahe hätte sie den herrlichen antiken Teller mit dem Zwiebelmuster fallen lassen. (Egon war ein klein wenig nostalgisch, muß man wissen.)

»Ich weniger, aber Lila.«

Und als wir uns gesetzt hatten und die leckeren Brote verdrückt waren, erzählte ich, beim Reden immer wieder einen Schluck von dem köstlichen bernsteinfarbenen Tee nehmend, wie mich Lila besucht, das Landleben in Bodenheim idyllisch geschildert hatte. »Die lieben Kinderchen Ina und Marlene, ein Pony haben sie auch, und Hühner und Katzen und Meerschweinchen, und der Mann ist eine Jugendliebe aus der Penne, der ›Zoodirektor‹, eine Klasse über uns. Und dann sagte sie noch, sie sei damals in mich sehr verschossen gewesen, aber ich hätt's nicht gemerkt. Und sie hat mir Vorwürfe gemacht, weil ich noch unbeweibt sei. Die Bibel hat sie zitiert ...«

Egon starrte in seine Teetasse und rührte den Zucker so lange und selbstvergessen um, bis ihn

Elli sachte anstieß und sagte: »Was meinst du dazu?«

»Kompliziert. Nun, so was gibt's, hat sich eben getäuscht. Daher diese überzogene Schilderung des Bodenheimer Lebens. Malte sich alles nochmals in den hellsten Farben, angesichts deiner sterilen Zuhörerbude ohne Weib, Katze, und was war's noch?«

»Kanntet ihr denn diesen ›Zoodirektor‹?« wollte Elli wissen.

»Kannten ja, wie man sich eben so kennt in der Schule. Tat sehr gelehrt, keiner durfte den Viechern zu nahe kommen. Ein Skandal, als sich das Eichhörnchen angeblich an Erdnüssen überfressen hatte, ›von leichtfertiger Hand gereicht‹, wie er damals am Schwarzen Brett schrieb.«

»Mir tun dabei immer zuerst die Kinder leid. Doch Lila als Pädagogin wird da schon wissen, was sie tut.«

»Wir wissen ja gar nicht, *was* sie tut!« rief ich mit einem Male erbost. »Ruft mich unter einem Vorwand an, heult gleich los und schiebt mir dann den Schwarzen Peter zu! Zugegeben, ich war in der Schule damals ein Rindvieh ...«

»Stimmt«, warf Egon überdeutlich ein.

»Habt ihr damals wirklich Wetten abgeschlossen, ob ich's merke oder nicht?«

»Stimmt«, kam es wieder von Egons Lippen.

»Aber selbst wenn es damals eine Liebelei zwischen euch gegeben hätte, wer kann denn sagen, daß es mit dir dann anders gekommen wäre als jetzt mit dem Zoodirektor?« rief Elli dazwischen. »Du kannst dir doch nach so vielen Jahren keine Vorwürfe machen, weil Lila jetzt ihrem Mann davongelaufen ist!«

»Theoretisch hast du vollkommen recht. Ich mach mir aber trotzdem Vorwürfe, vor allem, weil ich sie damals bei ihrem Besuch nicht durchschaut habe.«

»Emil, verrenn dich da nicht«, meinte Egon. »Ich seh das so: der Besuch bei dir hatte ein Janusgesicht. Einmal warst du der Zuhörer, der Berufene, zum andern aber der alte Schulfreund, die Jugendliebe. Und wahrscheinlich hat sie es vollkommen ehrlich gemeint, wie sie dir ihr Leben dort draußen unter Hühnern, Meerschweinchen und ihren kleinen Mädchen so idyllisch geschildert hat. Sie wollte *sich* prüfen, nicht *dich*! Und als sie dann unten vor deiner Haustür stand und du dich oben schon auf das Klassentreffen zu freuen begannst, kam ihr erst zum Bewußtsein, daß sie dir ein Wunschbild vorerzählt hatte. Sie hat nichts davon gesagt, ob ihr Mann Interesse für ihren Beruf aufbringt, wie er zu den Kindern ist, ob er, zufrieden mit seiner Arbeit, sich nichts anderes wünscht, als in Bodenheim Hühner zu züchten. All das hat sie, deiner Rede nach, nicht erwähnt.«

»Ja, das war so«, antwortete ich nachdenklich.

»Siehst du«, sagte Elli lebhaft. »Ich hab vor zwei Wochen eine alte Studienfreundin getroffen. Wovon haben wir erzählt? Was unsere Männer tun, was wir machen, wie und ob wir uns ergänzen. Sie war ganz erfüllt von ihrem gemeinsamen Leben, leider ohne Kinder. Und ich hab mich natürlich ausgeschwelgt über unsere Gemeinsamkeit. Aber ich habe keine Ahnung, hat sie drei oder vier Zimmer, Blick ins Grüne oder nicht, hat sie einen Pudel oder Papagei. Das alles weißt du von Lila, mehr aber kaum.«

»Sollte man Tamara mal anrufen?« schlug ich vor.

»Schon notiert. Aber nicht du. Irgendwie bist du auch ein Corpus delicti in dieser Sache. Vielleicht sogar der Maßstab, an dem Lila unbewußt ihren Zoodirektor gemessen hat. Lassen wir dich draußen. Elli wird mit Tamara sprechen. Ich halte dich auf dem laufenden. Sachen gibt's ...«

Tage vergingen, ich hörte von Egon nichts und wollte auch nicht anrufen. Und ich dachte an den alten Vers: Mit der Zeit wird alles heil ...

Und mein Beruf lief weiter. Und das war manchmal ganz schön anstrengend.

Auch eine Theorie!

Ich war außer mir. Da saß mein Besucher, spöttischen Gesichts, und schien sich zu amüsieren, weil ich so aus dem Häuschen geraten war. In wenigen Minuten mußte Egon Eiderdaus eintreffen. Kurzentschlossen hatte ich ihn angerufen und um Beistand gebeten. Ich als Zuhörer durfte ja nicht erwidern, und erwidern mußte man dem eitlen Kerl da, unbedingt!

Vorgestellt hatte sich der elegant gekleidete Herr in den besten Jahren als Philosoph, Name sei ja bekanntlich Schall und Rauch. Und entwickelt hatte er eine Theorie, die mich so fuchsteufelswild werden ließ.

Seiner Meinung nach – und dies stütze sich auf jahrelange ernste Forschungsarbeit – seien alle *die* Heuchler, die da behaupten würden, ihnen sei die Arbeit erstes Lebensbedürfnis. Tiefenpsychologisch analysiert würden die allermeisten dieser sogenannten Idealmenschen der kommunistischen Gesellschaft einen Komplex verdrängen, überkompensieren, indem sie sich selbst belogen, um sich in Einklang mit den an sie gestellten gesellschaftlichen Forderungen der Moral und Ethik zu bringen.

»Wenn dem nicht so wäre, mein Lieber«, hatte

mein Gegenüber mit leiser Stimme gesagt, »dann würden die Menschen niemals dulden, daß die tägliche Arbeitszeit lediglich vier Stunden beträgt. ›Nur vier Stunden, mein größtes Bedürfnis zu befriedigen, wie das?‹ ruft unser kommunistischer Mitbürger aus. ›Mitnichten, man will mich schädigen, ich soll nicht in den vollen Genuß des Möglichen kommen, ich will zehn, nein zwölf Stunden arbeiten, meinen Lebensgenuß realisieren!‹ Doch niemand erhebt solch Geschrei. Man ist's zufrieden: vier Stunden täglich für die Gesellschaft als Arbeit, der Rest ist künstlich mit einem Wust von Beschäftigungen angefüllt, für die es – bei guter Organisation – keinerlei Berechtigung gibt. Doch die Leute möchten eine Rolle spielen, bedeutend sein, etwas zu sagen haben. Ergo bildet man Kommissionen zu den unmöglichsten Fragen, wählt Vorsitzende, Beisitzer, Protokollführer, gibt sich Spielregeln, kurzum, man verspielt seine Zeit mit so-tun-als-ob, anstatt ehrlich zu sein und die Verlängerung der wirklichen Arbeitszeit zu fordern.

Doch was wäre dann? Was bliebe dann noch übrig vom großartigen Bauwerk der klassenlosen Gesellschaft mit ihrer Losung: Jeder nach seinen Fähigkeiten, jedem nach seinen Bedürfnissen? Äußerlich ist alles in Ordnung. Aber das scheint nur so, es ist nicht die Wahrheit. In Wahrheit haben die ökonomischen Gesetze, das Produzieren von Waren im weitesten Sinne, eine so dominierende Durchschlagskraft, daß man tatsächlich jeden Menschen im leistungsfähigen Alter nur vier Stunden täglich zu beschäftigen braucht. Um nicht acht Stunden arbeiten zu lassen und dabei die Hälfte der möglichen Arbeitskräfte zum Nichtstun zu verurteilen, teilt man die Zeit einfach auf und illusioniert das Ganze als höchstes Bedürfnis.

Und jeder spielt mit. Auch ich. Doch ich bin zu

Ihnen gekommen, um zu sehen, wie auf einen Menschen, der doch mit allerlei nicht alltäglichen Dingen unseres heutigen Menschseins vertraut ist, die Enthüllung der Wahrheit wirkt.«

Hier hatte es bei mir ausgehakt.

»Was ist denn Ihrer Meinung nach dann das Wesentliche unseres gesellschaftlichen Zusammenlebens?« hatte ich, entgegen den Spielregeln meines Berufes, gefragt.

»Das will ich Ihnen sagen: die Unaufrichtigkeit. Keiner ist ehrlich, alle tun nur so, wir sind manipuliert, wir haben zwar den Staat abgeschafft, dafür jedoch unzählige Verwaltungen ...«

»Die aber von ehrenamtlichen Kräften geleitet werden«, warf ich ein.

»Das ist doch Schnickschnack«, sagte der Philosoph und wechselte elegant die Stellung seiner Beine. »Das wissen Sie genau so gut wie ich. Von alleine geht nichts, und da sagt man eben nicht mehr Staatsgewalt, sondern Verwaltung von Sachen, Verwaltung der Produktion, gesellschaftliches Engagement. Geändert hat sich im Prinzip gar nichts, nur die Aushängeschilder. Und die Partei ist ja schließlich auch noch da und nicht abgestorben worden ...«

Endlich tauchte Egon auf. Er hatte den letzten Satz meines Besuchers noch mitbekommen und ließ sich rasch von mir in wenigen Sätzen die These von der Unaufrichtigkeit erklären, während mein Besucher süffisant lächelte. Und dann warf sich Egon in die Schlacht.

»Und was soll demnach geschehen? Wieder die Errichtung von staatlichen Machtorganen, oder was soll das Ganze?«

»Nicht doch, nein, gar nichts soll geschehen. Sehen Sie, ich bin Philosoph. Zwar hat Marx gesagt, es käme nicht darauf an, die Welt verschieden zu interpretieren, sondern man müsse sie verändern, aber dazu habe ich gar keine Ambitionen. Doch interpretieren möchte ich schon einiges.«

»Zum Beispiel?« Ich fühlte mich durch Egons Gegenwart gestärkt und berechtigt, ebenfalls zu diskutieren.

»Wie ich schon sagte, eine Philosophie der Unaufrichtigkeit.«

»Abscheulich«, rief Egon aus. »Das soll ethisch sein?«

»Momentchen mal«, protestierte der Philosoph. »Das ist sogar sehr ethisch. Machen wir ein kleines Gedankenexperiment. Stellen Sie sich vor, es gelänge, was in Hunderten alten utopischen Romanen schon oft beschrieben wurde: mittels spezieller Apparate oder Drogen wäre jeder Mensch in der Lage, unmittelbar und direkt die Gedanken aller anderer Menschen zu lesen.

Was wäre die Folge?

Wahrscheinlich zuerst eine Riesenbestürzung, wenn die gesamte Menschheit mit einem Schlage, quasi am Tage X, in den Besitz solcher Fähigkeiten gelangen würde. Den Fall, nur einige wenige wären hierfür privilegiert, schließe ich bewußt aus, weil dies zwangsläufig einen Rückfall in eine Klassengesellschaft mit Ausbeutung und Unterdrükkung bedeuten würde. Ich will ja aber gerade die klassenlose kommunistische Gesellschaft weiterführen.

Also: zunächst Bestürzung. Jeder wird mit einem Mal das Maul halten, damit das, was er sagt, nicht allzusehr dem widerspricht, was er denkt. Sobald er weiß, der andere weiß, was er denkt, geht jede echte zwischenmenschliche Kommunikation verloren. Man wird Abschirmhelme erfinden, die werden nichts nützen. Die Menschen werden einander fliehen. Liebende werden sich hassen, Kinder werden ihre Eltern verfluchen, es wird grauenhaft sein!

Nun, wir brauchen keinen derartigen Tag X. Uns genügt, daß viele Fortschrittsapostel unablässig fordern, stets und immer das zu sagen, was man denkt. Was man über den anderen denkt! Offen, ehrlich, rücksichtslos.

Sie meinen vielleicht jetzt, der angebliche Philosoph da hat uns gerade noch gefehlt. Genosse Eiderdaus denkt, Emil konnte auch nichts Blöderes einfallen, als mich zu holen. Ungemütlich, den Kerl da anzuhören. Genosse Löwenherz denkt, konnte er nicht zwei Straßen weiterlatschen und meinen Kollegen Lemaître beglücken, der spinnt sowieso. Und ich denke, daß ihr zwei gelehrten Banausen keinen Schimmer versteht, was ich eigentlich will. Wäre das alles nicht Anlaß zum schönsten Krach?

Was ich sagte, sind aber nur Hypothesen. Was jeder von uns in diesem Augenblick wirklich denkt, behält er schön für sich. Sagen tut er etwas, das von seinem Denken beeinflußt ist, vielleicht spricht er sogar gerade das Gegenteil von dem aus, was er innerlich fühlt. Das nennt man dann taktisches Verhalten.

Kurzum, ich sehe in der Unaufrichtigkeit, wie man ein derartiges Verhalten zu nennen pflegt, keine negative moralische Kategorie. Ich versteige mich sogar zu der Behauptung, daß diese Art von Unaufrichtigkeit, wie ich sie eben skizziert habe, ein gesellschaftserhaltendes Prinzip ist, einen stabilisierenden, ja progressiven Kern besitzt.

Ein Glück, daß niemand des anderen Gedanken lesen kann! Ich bin sicher, wäre diese Gabe eine natürliche Eigenschaft des Menschen, nie hätte es die Bildung der menschlichen Gesellschaft gegeben, schon die kleinsten Clans und Stämme wären jämmerlich auseinandergebrochen. So sehe ich das.«

Egon und ich blickten uns an. Dann räusperte sich mein Polemiker und meinte: »Aber warum wollen Sie denn das bekanntmachen, wenn Sie die Unfähigkeit, des anderen Gedanken voll zu erkennen, als gesellschaftserhaltendes Prinzip ansehen? Dann braucht man ja gar nicht darüber zu reden.«

»Halt mal«, rief ich dazwischen. »So geht's nicht. Seid offen und ehrlich zueinander, ein Grundzug zwischenmenschlicher Beziehungen, diese Losung müßte man dann begraben.

Doch das ist völlig unmöglich. Stell dir mal eine Losung vor: Sag nicht immer alles, was du denkst, damit erhältst du den Fortbestand der Gesellschaft!«

»Gar nicht so übel.« Der Philosoph lächelte. »Diese Parole gab es in der menschlichen Geschichte bereits, und die Leute sind damals nicht schlecht damit gefahren. Es heißt ja nicht: lüge, verdrehe, sag das Gegenteil dessen, was du wirklich meinst. Nein, ganz schlicht: Sag nicht alles, Betonung auf *alles*, was du denkst. Ein anderes Wort: ›Reden ist Silber, Schweigen ist Gold.‹ Nein – ich bin gegen diese Wahrheitsfanatiker, gegen diese Psychoapostel, die ohne Rücksicht – und damit komme ich auf das Wesentliche – alles herausschreien wollen, was ihnen gerade durch den Schädel fährt.

Wir sind uns doch sicher einig, daß gesellschaftliches Zusammenleben in erster Linie gegenseitige Rücksichtnahme bedeutet?«

Wir nickten. Darüber waren wir uns einig.

»Gut, und warum soll diese Rücksichtnahme nun so abrupt beim Aussprechen der eigenen Gedanken nicht mehr gelten? Sicher hat Sie der Begriff

›Unaufrichtigkeit‹ schockiert, ich habe ihn absichtlich gewählt, um das Gegengewicht zu ›Ehrlichkeit um jeden Preis‹ zu haben. Ihre Reaktion entsprach durchaus meinen Erwartungen.«

Egon kam ein Gedanke. »Vielleicht könnten Sie Ihre Theorie anders verpacken? Eventuell: Von der Kunst, ehrlich zu sein. Dann könnte man mit ›Kunst kommt von können‹ nachweisen, daß man eben nicht alles kann, daß es gerade die Kunst ist, zu wissen, was man kann, und wo und wie ...«

»Sie beginnen schon ein klein wenig unaufrichtig zu sein«, unterbrach ihn der Philosoph. »Doch im Grunde genommen geht es um nichts weiter als um eine bessere Anwendung der Psychologie in unserem Alltag. Ich bin ja zufrieden, wenn die Menschen sich selbst etwas vormachen und glauben, dabei sogar noch glücklich zu sein. Aber Ihr Entsetzen beim Aussprechen des Wortes ›Unaufrichtigkeit‹ gibt mir doch zu denken. Ich befürchte fast, man wird mich nicht verstehen, ja mißverstehen. Ich werde erneut darüber nachdenken. Vielleicht wäre besser: Erst denken, dann reden.«

Sprach's, grüßte lächelnd und zog die Türe hinter sich zu.

»Der Deibel noch mal«, sagte Egon, »das war aber einer, scharf wie ein alter Rettich!«

»Ei der Daus«, sagte ich, und wir beschlossen, uns in der nächsten Eckkneipe noch ein Bierchen zu genehmigen.

»Und dabei spielen wir: was denkt der wohl«, sagte ich.

»Alter Heuchler.« Egon boxte mir in die Rippen. »Auf geht's!«

Was braute sich da zusammen? Heute war schon wieder ein Wissenschaftler bei mir, mit ähnlichen Sorgen wie der Informationsakademiker mit dem zweiten thermodynamischen Hauptsatz. Bahnte sich da eine Krise an? Solche Erscheinungen hat es ja in der Geschichte der Wissenschaft mehrmals gegeben. Aber heute, in unserer Welt, bei unserer Gesellschaftsstruktur? Im Grunde genommen undenkbar. Und doch ...

Es war ein noch junger Mann, etwa in meinem Alter. Als der seinen Namen nannte, war ich erstaunt. Ich hatte ihn mir ganz anders vorgestellt, viel älter, abgeklärter, denn es war ein sehr berühmter Name, und es war keine Verwechslung: er war es selbst und nicht etwa sein Sohn, wie ich einen Augenblick lang angenommen hatte.

»Sie müssen begreifen, daß ich mit meinen Fachkollegen darüber nicht diskutieren kann. Man würde sagen, ich sei überheblich, meine Erfolge wären mir zu Kopf gestiegen und dergleichen. Glauben Sie nur nicht, daß es solche zwischenmenschlichen Negativismen nicht mehr gäbe! Daher komme ich zu Ihnen. Ich begebe mich auf neutralen Boden.

Hören Sie mich in Ruhe an, lassen Sie mich weggehen, ohne Fragen zu stellen, dann helfen Sie mir am meisten. Sicherlich haben Sie es in ihrem Beruf schon erfahren, daß manch einer vor Ihnen etwas ausgesprochen hat und dann feststellte, ihm ist durch eben dieses Aussprechen selbst einiges klarer geworden.«

Sein Gebiet war die Genetik. Eine Wissenschaft, die sich in der jüngsten Vergangenheit immer mehr als lebenswichtig für uns alle erwiesen hatte. Ohne die Genetik hätten wir zum Beispiel die Umgestaltung der Klimazonen und damit auch die Anpassung der landwirtschaftlichen Produkte an ungewohnte Umwelteinflüsse nicht geschafft. So konnten mit geringstem Energieaufwand völlig neue, widerstandsfähige Nutzpflanzen entwickelt werden. Auch die Medizin wäre heute ohne die Genetik undenkbar, ebenso die Erfolge in der Raumfahrt. Allein die vom Menschen gelenkten Veränderungen der Bakterienstämme von Mars und Venus sind Großtaten der Wissenschaft. Das weiß heute jedes Schulkind.

Und noch etwas anderes haben gerade die Genetiker der Menschheit gezeigt: nämlich die Kraft, den Forschungszielen selbst eine Grenze zu setzen, um ungewollte Gefahren nicht zu provozieren oder gar Einzelgängern Macht in die Hände zu geben, die zum Mißbrauch verlocken könnte. Zugegeben, unter heutigen Verhältnissen fiele das nicht mehr ins Gewicht, aber geschichtlich gesehen war es schon eine Pioniertat, bestimmte Forschungseinrichtungen, die letztlich zur grenzenlosen Manipulierbarkeit des Menschen hätten führen können, einzufrieren und zum »Tabu« zu erklären.

Doch war dies unserer kommunistischen Gesellschaft würdig? Das war die erste Frage, die mein Besucher aufwarf. »Sind wir nicht heute mündig, ist es nicht an der Zeit, Bestandsaufnahme zu machen und dem menschlichen Geist wieder Flügel wachsen zu lassen? Sind wir nicht so stark, um trotzdem jede mögliche Gefahr durch die kollektive Massenkontrolle, der wir uns alle bewußt unterwerfen, auszuschalten?«

Er hatte dabei eine ganz bestimmte Forschungsrichtung im Auge. Das war die Bildung von Hybridzellen. Bekanntlich war man jahrelang nicht in der Lage, vorauszusagen, ob sich ein Mischwesen zum Beispiel aus der Verschmelzung zweier verschiedener Zellkerne weiterentwickeln und als lebens- und fortpflanzungsfähig erweisen würde. Heute jedoch, mit der neuen großartigen Laserhologrammgenchirurgie, war es möglich, unter Sichtkontrolle des einzelnen Moleküls die Sprossen der DNS-Helix zu verändern, die Valenzen zu vertauschen, genau zu bestimmen, was man wo im Riesenmolekül verändern wollte. Und vor allem zu wissen, welche Eigenschaften dadurch erzeugt oder ausgelöscht würden.

»Was aber« – so mein Besucher –, »wenn wir uns daranmachten, mit Hilfe dieser großartigen möglichen Leistungen einmal ans Grundsätzliche heranzugehen? Einen Hybrid aus Pflanze und Mensch herzustellen, ein Wesen demnach, das keine roten Blutkörperchen in den Gefäßen hätte, sondern – grüne? Chlorophyllträger, die kleinsten fotosynthetischen Fabriken? Licht würde so zum unmittelbaren Energielieferanten. Täglich drei, vier Stunden Sonnenlicht auf Kopf, Hände und Arme müßten genügen, um den Energiebedarf eines normal arbeitenden Menschen zu decken. Lediglich Flüssigkeitsaufnahme wäre noch notwendig.

Einen neuen Menschen zu entwerfen, einen Menschen, der unter wesentlich ungünstigeren Lebensbedingungen tätig sein könnte, einen echten Kosmoseroberer, dessen Organismus eine Anabiose doppelt so lang aushalten könnte wie wir Heutigen?

Einen Menschen mit grüner Haut und grünem Blut, ja, aber einen Menschen, dessen Darm sich langsam zurückbilden würde, dessen Mund in erster Linie Sprechorgan wäre. Welch Gewinn für das Gehirn, große Gebiete des Zwischenhirns für andere Aufgaben frei zu bekommen. Vielleicht für die Möglichkeit, die Rezeptoren unserer Sinne zu erweitern? Menschen, die Röntgenstrahlen sehen können, die elektrische Organe ausbilden, um sich in den Gravitationsfeldern des Kosmos zu orientieren, die – vielleicht – fliegen werden aus eigener Kraft? Ungeahnte Perspektiven!

Perspektiven? Oder apokalyptische Visionen? Ungeheuer, wie sie Hieronymus Bosch gezeichnet hatte, Goyas Nachtgespenster, im Planungsbüro eines Genetikerinstitutes auf dem Reißbrett entworfen und in Szene gesetzt von Männern und Frauen, enthusiastischen Freiwilligen des Fortschritts, die es zu Millionen geben würde?«

Es war kein verkanntes Genie, das Homunkuli im Interesse der Gleichberechtigung der Frau, der Erhaltung ihrer Schönheit, im Brutschrank aufziehen wollte. Es war einer unserer bekanntesten Wissenschaftler, der sein Zukunftsbild entwarf.

Gemischte Pflanze-Tier-Menschen, vielleicht auch ein Typ denkbar, der Chlorophyll als Pigmentzellen in der Haut besaß und im Blut normale Erythrozyten, ein Sauerstoffatmer und Fotosynthetiker zugleich, das wäre wahrscheinlich die optimale, aber auch die am schwierigsten zu realisierende Lösung.

»Wer, wenn nicht wir Menschen selbst, haben das Recht, Hand an uns zu legen und uns zu gestalten, nach unserem Bilde nach unseren Notwendigkeiten?«

Ich erschrak. Er mochte das wohl gespürt haben, denn plötzlich schwenkte er auf ein anderes Thema ab.

»Ich bin überzeugt, wir sind als zivilisationsbildende Intelligenz nicht allein im Weltall. Doch wir sind sehr schlecht geeignet für eine Besiedlung weiter hinaus in den Kosmos. Das macht uns verwundbar.

Wer sagt denn, daß ›die anderen‹ – ich will sie einmal so allgemein benennen – nicht noch eine Ausbeutergesellschaft haben, daß sie friedlich gesonnen sind, daß wir überhaupt mit ihnen in eine Kommunikation eintreten können und uns darüber verständigen werden, was friedlich ist?

Noch ist es nicht soweit, aber ein Mensch, wie ich ihn entwerfen will, ist ein Organismus, der sehr hohen Belastungen ausgesetzt werden kann, dessen Gehirn im Stande ist, neue Denkeigenschaften zu entwickeln, dessen Vorstellungskraft ausreichen wird, sich einen vierdimensionalen Raum wirklich vorzustellen und ihn nicht nur zu berechnen. Nur dann wird unser Geschlecht im Ringen der Galaxien – ich meine das durchaus friedlich – als Sieger hervorgehen. Dann sind wir als Menschheit unsterblich – das ist für mich der Unsterblichkeitscode unserer Gattung, nicht des einzelnen Individuums.«

Er schwieg eine Zeitlang. Mir schwindelte, so viel bisher für mich Undenkbares hatte er vor mir ausgeschüttet.

Dann sagte er: »Ich sehe es Ihnen an, Sie sind nicht überzeugt. Und doch, eines Tages wird es so sein. Auch Ethik und Moral sind zeitgebunden, entwickeln sich unter der Veränderung der Produktionsverhältnisse. Unsere, die kommunistische Moral der klassenlosen Gesellschaft, ist noch mit vielen Schlacken der Klassenvergangenheit behaftet. Ich spüre dies ganz besonders. Aber die Zeit wird kommen.

Mein Besuch bei Ihnen hat mich nur bestärkt. Man darf vor der Zukunft, vor den unendlichen Möglichkeiten des menschlichen Geistes und Willens keine Angst haben, nur weil in der Vorzeit mit dem oder jenem Mißbrauch getrieben wurde. Man muß die Schranken niederreißen, die uns von unseren schon heute gegebenen Möglichkeiten trennen. Der Mensch – Schöpfer seiner selbst! Marx hat das zwar anders gemeint, aber ich sage: Der Mensch – Konstrukteur seiner selbst! Und niemand wird wegen Unmoral verdammt, wenn das Außergewöhnliche zum Normalen geworden ist. Doch es ist ein weiter Weg, und ob ich ihn je erreiche, weiß ich nicht. Aber ich werde weiter arbeiten und weiter denken. Und ich muß viel Geduld aufbringen, das ist mir hier bei Ihnen klargeworden.«

Als er gegangen war, kam ich mir wie der Komplize einer Verschwörung vor. Seine letzten Worte hatten in keiner Weise pathetisch geklungen. Sie waren ehrlich, das Bekenntnis eines außergewöhnlichen Mannes. Und abgegeben vor mir, einem ganz gewöhnlichen Zuhörer ...

Der Schwiegersohn

»Mag sein, daß ich altmodisch bin, sicher bin ich das, aber ich kann nicht anders.« Der dies sagte, war ein massiger Mann, so um die Fünfzig, der zu mir gekommen war, um sein Herz auszuschütten, ohne dabei Gefahr zu laufen, gleich scheel dafür angesehen zu werden.

Er hatte eine Tochter, 27 Jahre alt, die eben mit Erfolg ihren Doktortitel als Chemikerin verteidigt hatte. Er selbst war Leiter einer kleinen Lebensmittelverteilerstelle, angesehen, auch gesellschaftlich engagiert im Volksrat seines Wohnblocks. Die Frau war ihm vor drei Jahren gestorben. Trotz Fortschritt, DIAGCOM, Impfungen ereigneten sich leider immer noch Fälle, bei denen alle ärztliche Kunst vergeblich war. Man sprach und schrieb nicht gerne darüber. Aber es gab sie, und an einer heimtückischen Krankheit, einem schnell voranschreitenden Blutkrebs, war sie verschieden.

Es hatte ihn sehr getroffen. Das Leben mit ihr war harmonisch gewesen, und nun blieb er allein, die Tochter weit entfernt in ihrer Universitätsstadt.

Als sie ihm videofonierte, daß alles gut gegangen sei und sie heimkommen wolle, war er überglücklich. Und als sie hinzufügte, sie bringe noch jemanden mit, den sie demnächst zu heiraten gedenke, auch Chemiker wie sie selbst, war er's zufrieden. Möglichkeiten zum Tätigsein gab's genug. Er würde wieder eine Familie haben, ein neues Zuhause, vielleicht bald Enkel …

»Und nun stellen Sie sich vor: sie kommt, begrüßt mich überschwenglich und rennt dann wieder hinaus in den Flur. ›Ich hab ihn mitgebracht, er wollte unser erstes Wiedersehen nicht stören. Aber jetzt hol ich ihn!‹

Und zieht, ihn freudestrahlend an der Hand haltend, einen baumlangen, aber wirklich kohlschwarzen Menschen ins Zimmer. Der lächelt verlegen, streckt mir seine schlanke Hand hin, rosa die Innenflächen, hell die Fingernägel. – Und ob Sie es glauben oder nicht – es hat mich innerlich geschüttelt, als ich seine Hand ergreifen mußte.

Zugegeben, zunächst war es sicher die Überraschung, aber nach ein paar Tagen merkte ich, daß es mehr war. Ich konnte und konnte mich einfach nicht daran gewöhnen: an das krause, kurze Haar, an die dicken Lippen, diese rosa Zunge im schwarzen Gesicht, die unanständig gesunden Zähne, das Spiel seiner geschmeidigen Muskeln unter der Haut, seine rotgeäderten Augen, kurzum, ich war derartig nervös, daß ich mich vom Betriebsarzt zunächst einmal für vier Wochen in ein Erholungsheim einweisen ließ.

Meine Hoffnung, die langen Spaziergänge im Thüringer Wald – vielleicht kennen Sie dieses Umweltschutzreservat – würden mich beruhigen, mich darüber anders denken lassen, hatte sich nicht erfüllt. Wieder daheim, mußte ich erneut gegen diese Aversion ankämpfen.

Es war beileibe nicht nur das andere Aussehen. Nein, mir machte auch zu schaffen, aus welch anderem Lebenskreis die Vorfahren dieses Menschen gekommen waren: Aus dem afrikanischen Busch, Wilde noch vor zweihundert Jahren! Und da stieß ich auf eine bittere Wahrheit: Es ist sehr einfach, wenn einen im Betrieb eine Delegation aus entfernten Weltgegenden mit braunen, gelben oder schwarzen Menschen besucht; auf einem Meeting zu Ehren der Gäste glühende Worte über das Thema: ›Alle Menschen sind Brüder‹ gefunden werden; an die Solidarität unserer Vorfahren mit den damals noch versklavten Völkern und ihre Unabhängigkeitskämpfe zu erinnern, ihnen rote Nelken zu überreichen, ja, sie coram publico zu umarmen und abzuküssen. Aber Tag für Tag neben einem solchen Menschen zu leben, in dem Bewußtsein, daß deine Tochter bald ein schokoladenbraunes Baby zur Welt bringen wird, das ist eine ganz andere Sache!

Verstandesmäßig ist mir alles klar. Ich beschimpfe mich selbst als Unmenschen, Barbaren, Reaktionär, aber es hilft nichts. Ich kann einfach gegen dieses übermächtige Gefühl der Aversion, das mir seine bloße Gegenwart verursacht, nicht ankämpfen. So wie ich mich als Junge nie überwinden konnte, einen nassen, kalten, glitschigen Frosch in die Hand zu nehmen.

Und was das Schlimmste ist, ich habe keinen Menschen, mit dem ich darüber reden kann, verstehen Sie? Ich bin mir sicher, bei allen meinen

Freunden würde ich auf völliges Unverständnis stoßen. Und da kam mir der Gedanke, zu einem Zuhörer zu gehen. Sie wissen gar nicht, wie es mich erleichtert, das alles endlich einmal aussprechen zu können. Wie gut, daß Sie Ihr Berufsgeheimnis haben, das ist wie ein Schutzmantel, unter den man sich flüchten kann.«

Mit sehr gemischten Gefühlen hatte ich zugehört. Das war ja ein verknöcherter alter Spießer! Ja, ein waschechter Reaktionär! Total verschimmelte Ansichten und Gefühle! »Wäre es nicht besser, Sie würden zu einem Polemiker gehen, der mit Ihnen streiten könnte, Sie widerlegen?«

»Aber nein«, rief er. »Wozu auch? Ich kann mich sehr gut selbst widerlegen. Ich kann Ihnen alle Gründe aufzählen, die beweisen, daß mein Vorurteil der hellste Blödsinn ist, durch nichts gerechtfertigt, durch nichts bewiesen. Ich könnte Ihnen nachweisen, daß bei mir kein traumatisches Kindheitserlebnis vorliegt, daß ich nie Angst vor dem ›schwarzen Mann‹ gehabt habe. Nein, den Polemiker brauche ich nicht, ich brauche den Zuhörer.«

Ich dachte nach. »Darf ich Ihnen etwas sagen?«

Erst stutzte er, denn das war unüblich beim Zuhörer, dann war er einverstanden. »Bitte, sagen Sie.«

Ich holte tief Luft, dann sagte ich: »Es stimmt, wenn Sie sich selbst als barbarischen Reaktionär bezeichnen. Das sind Sie in der Tat. Wahrscheinlich sind Sie nie über die Mauern unserer Stadt hinausgekommen und kennen die Welt nur von der Television. Und das, was Sie da von den Delegationsempfängen sagten: Ich glaube, es gibt mehrere Menschen, die auf einen schwarzen Schwiegersohn ähnlich wie Sie reagieren würden – im Gegensatz zum Delegationsbesuch. Nein, das alte

Rassenvorurteil schlummert nicht tief, es liegt hautnah unter der Oberfläche. Man braucht nur ein wenig zu kratzen, dann schaut es hervor, wie bei Ihnen. Unsere vergangene Geschichte, vor allem die der sogenannten Dritten Welt, haben wir noch lange nicht aufgearbeitet.

Und zweitens sind Sie ein eifersüchtiger starrköpfiger Vater. Sie haben sich eine Welt ausgemalt, wie es sein würde, wenn Ihre Tochter wieder zu Hause ist. Und nun ist es anders gekommen. Das verkraften Sie nicht. Ob der Mann, den Ihre Dr. chem. mitgebracht hat, schwarz, gelb, braun, weiß oder kariert ist, das ist im Grunde völlig gleichgültig. Allein seine Existenz hat einen Traum begraben. ›Eifersucht ist eine Leidenschaft, die mit Eifer sucht, was Leiden schafft‹, kennen Sie doch? Am besten, Sie verschwinden von hier und heiraten wieder.«

Er hatte mir offenen Mundes zugehört. Dann lief er rot an, hob die Faust, um auf meinen Schreibtisch zu schlagen, setzte an: »Das ist doch die Höh …«, besann sich und zog ein finsteres Gesicht.

»Eifersüchtiger Barbar?« murmelte er. »Nicht aus dieser Stadt herausgekommen … Das muß ich mir überlegen … Mann, das kann wirklich sein.«

Drehte sich um und knallte die Türe hinter sich zu. So ein Fossil! Aber war er alleine daran schuld? Das keineswegs … Hatte ich Grund, mit mir zufrieden zu sein? Hab den Mund aufgetan, ja, zum zweiten Mal in kurzer Zeit hab ich gekontert, statt stumm dazusitzen und verständnisinnig zu blikken. Was ist bloß los …

Intermezzo III

Der Anruf von Lila hat mir doch keine Ruhe gelassen. Was war wirklich dort geschehen in Bodenheim? Elli wollte sich doch bei Tamara erkundigen, aber von den Eiderdaus kein Wort.

Ich rief Egon an. Er druckste ein wenig herum, daß sie sich schon längst gemeldet hätten, wenn … Keine Zeit, am besten, ich käme mal heute abend herüber, da ließe sich ausführlicher plaudern als am Videofon. Natürlich war Elli bei Tamara gewesen, ob ich daran gezweifelt hätte? Gut, bis heute abend.

Während des Essens kam das Gespräch nicht so recht in Gang. Ich war zerstreut, und erst als wir um den Kaffeetisch saßen – es war bei Egon üblich, nach dem Abendbrot noch einen heißen Mokka zu schlürfen –, kamen wir zum eigentlichen Thema. Lila hatte ihre beiden Kinder mitgenommen, die Kleine war bei Tamara, die Große bei Lilas Mutter.

»Und ihr Zoodirektor, was ist mit dem? Ich bin ja platt, sie läßt ihn einfach stehen. Ob er das so hinnehmen wird?«

Elli hätte beinahe den Kaffee neben die Tasse gegossen. Vorwurfsvoll blickte sie mich an. »Emil, gerade du als Zuhörer, mit deiner psychologischen Bildung, müßtest eigentlich wissen, daß es so was gibt.«

»Was gibt?« fragte ich erneut und rettete meine Tasse vor dem Überschwappen.

»Daß man plötzlich merkt, es stimmt etwas nicht mehr. Der, mit dem man zusammenlebt, ist ein ganz anderer, den man im Grunde genommen gar nicht kennt. Und so sei es auch bei Lila gewesen, ist Tamaras Meinung. Es hätte schon öfter Streit gegeben, vor allem wegen der Kinder. Ihr Mann ist ein großer Pedant, kein bißchen Großzügigkeit, alles nach Musterfamilienstatut, strenge Rang- und Hackordnung wie auf dem Hühnerhof.«

»Ei der Daus«, mischte sich Egon ein und schlürfte genüßlich seinen ersten Schluck. »Ich wußte gar nicht, daß du so sarkastisch sein kannst.«

»Ist doch wahr«, Elli war erregt. »Und da kann es eben geschehen, daß man schlagartig erkennt: Das war falsch, das geht so nicht mehr weiter. Vielleicht braucht's dazu nicht einmal eine Stunde – eine Minute der plötzlichen Klarsicht genügt. Und die hatte Lila bei ihrem Besuch in der City. Die Visite bei dir war nur die Abrundung des Ganzen.«

Ich verschluckte mich. »Du meinst«, sagte ich zwischen Hustern, »daß Lila nach dem Besuch bei mir endgültig beschlossen hat, ihrem Zoodirektor den Laufpaß zu geben?«

»So hat sie es Tamara erzählt. Als sie dich da so gesehen hätte, den alten Emil, und doch einen neuen, ihr noch unbekannten, als sie hinter deinem Gesicht das alte Schulhoflächeln entdeckte, da sei ihr mit einemmal ihre ganze Jugend vor Augen gestanden, ihre Wünsche, ihre Begeisterungen – und dann wie auf einer Filmleinwand unmittelbar daneben ihre Hühnerzüchterwirklichkeit in Bodenheim. Das hat den Ausschlag gegeben.«

»Das hat mit dir, ich meine mit deiner Person, absolut nichts zu tun«, meinte Egon und legte beschwichtigend seine Hand auf meinen linken Unterarm. »Du brauchst dir keine Vorwürfe zu machen. Das steckte schon lange drin. Aber«, er zögerte ein wenig, »mach dir um Himmels willen auch keinerlei Hoffnungen, Lila betreffend.«

Lila betreffend! Das klang wie aus einer Gerichtsakte: Der Zeuge sagte aus, Frau Lila betreffend, habe er nichts Besonderes beobachtet …

Natürlich fühlte ich mich tangiert und aufgewühlt. Warum ist sie mir damals durchs Haar gefahren? War das der Punkt ihrer Jugendseligkeit, meine Borsten gegen den Strich zu streicheln? Ich kam mir irgendwie genasführt vor. Nicht, daß ich nun partout meinte, beim Vergleich mit dem Zoodirektor hätte ich ungleich besser abgeschnitten. Wahrscheinlich kam ich der Wahrheit am nächsten mit der Annahme, daß ein solcher Vergleich gar nicht stattgefunden hatte! Pars pro toto, der Teil steht fürs Ganze. Ich stand für Lilas Vergangenheit, für ihre glückliche Schulzeit, für ihre Sehnsüchte und Hoffnungen. Ein Stellvertreter. Sonst nichts.

Ich muß wohl eine Zeitlang nur in mich hineingedacht haben, denn Egon stieß mich an: »Na, was meinst du dazu, sollen wir?«

Ich war so ehrlich zu sagen, daß ich keine Ahnung hätte, wovon eben die Rede war. Elli lachte: »So hast du auch ausgesehen. Ich meinte, ob wir uns nicht einmal den Hühnerpascha von Bodenheim ansehen sollten, wir zu dritt, quasi eine Abordnung von Lilas Jugendfreunden. Schließlich ist Emil Polemiker, und du bist Zuhörer.«

Ich stöhnte ein wenig. »Hat das denn einen Sinn, vielleicht macht er sich dann Hoffnungen und hält uns für eine Lila-Delegation?«

»Und wennschon.« Elli blieb zäh. »Ich bin nicht dafür, etwas kleben zu wollen, was nicht mehr hält. Aber ihn anzusehen, herauszubekommen, was das für ein Mensch ist, von dem man mit den beiden gemeinsamen Kindern einfach davongeht, das würde mich schon sehr interessieren.«

»In Lilas Interesse?« fragte ich.

Elli dachte nach. »In erster Linie in unserem Interesse. Was sind das für Hintergründe, für Tiefen, die sich da auftun, mitten in unserer ach so glücklichen klassenlosen Gesellschaft? Tod und Teufel haben wir besiegt, nur das Widersprüchliche im Menschen selbst nicht.«

»Gott sei Dank«, entfuhr es mir. »Das wäre ja entsetzlich! Eine gefühlsgenormte Menschheit! Konflikte und Erschütterungen, Hoffnungen und Enttäuschungen, Begeisterung und Ernüchterung, das alles gehört zum Menschen. Ohne Widersprüche wären wir geistig und seelisch steril.«

Sie hatte aufmerksam zugehört. »Sieh da, darüber hast du schon einmal nachgedacht? Bist also doch nicht der naive Zuhörer, wie ihn Lila anzutreffen glaubte.«

Ich wurde wütend. »Dein Mokka war wohl eine Nummer zu stark für deine kleinen grauen Zellen«, rief ich, stand auf und verließ, trotz Egons Einspruch, unter heftigem Türenknallen die beiden.

Eben haben sie angerufen. Elli hätte es nicht so gemeint. Sie wollten am nächsten Tag wirklich nach Bodenheim. Ich solle doch unbedingt mitkommen. In Gottes Namen sagte ich zu.

Einschlafen konnte ich nicht. Je mehr ich darüber nachdachte, desto mehr kamen mir Zweifel an unserem Vorhaben. Da wollten wir nach Bodenheim hinausfahren und den Zoodirektor anschauen. So, als ob in der Zeitung eine Notiz gestanden hätte: »Schwarze Panther eingetroffen, zur Besichtigung freigegeben.«

War das überhaupt ein Argument von Elli, daß wir dazu quasi berufsmäßig berufen wären? Das war doch Lilas Angelegenheit, ihre ganz allein. Wenn sie den Wunsch verspürte, dann – dessen war ich sicher – würde sie auf jede Frage nach dem Grund ihrer Trennung klar und eindeutig antworten. Und wenn sie es nicht wollte, dann eben nicht.

Ich stand auf und ging unter die Dusche. Nein, und nochmals ncin! Wir hatten kein Recht, uns hier dazwischenzudrängen, unserer Neugier nachzugeben. Entschlossen frottierte ich mich ab und ging zum Video.

Egon schien noch geschlafen zu haben. Er sah verstrubbelt und leicht verschwollen aus. »Was is'n«, nuschelte er. Doch als ich ihm sagte, daß ich morgen nicht mit nach Bodenheim fahren würde zur Beschau des gescheiterten Ehemannes, kam Glanz in seine Augen.

»Mann«, rief er, »erst vor einer halben Stunde sind wir ins Bett. Ich hab zu Elli das gleiche gesagt und hatte einen haushohen Krach mit ihr. Sie hat sich andauernd auf dich berufen, man müsse dein Selbstbewußtsein stärken, wenn Lila schon dem davongelaufen sei, wäre es für dich ungeheuer wichtig, zu erfahren, was das für einer gewesen sei. Sonst würden sich womöglich bei dir frigide Komplexe herausbilden, du würdest antifeministisch frustriert etc. Kennst ja die Schlagworte.«

Ich war perplex. »Nein«, rief ich, »Egon, ganz und gar nicht! Aber jetzt sehe ich klar: Elli hat uns vorgeschoben, dich als sachkundigen Polemiker und mich als Jugendschwarm von Lila, um ihrer eigenen, völlig individuellen Neugier eine Art Legitimation zu verschaffen, wissenschaftlich und tiefenpsychologisch gestempelt und gesiegelt. Daraus wird nichts. Soll sie doch allein fahren.«

»Das wird sie nicht tun«, grinste Egon. »Aber uns wird sie es spüren lassen, uns Banausen schimpfen, dich bemitleiden und auf jede mögliche und unmögliche Reaktion achten, wenn sich ein weibliches Wesen dir nähert, und mich wird sie überreden, unbedingt Lila zu einem Polemikergespräch einzuladen.
Thema: Wann gefährde ich meine Ehe?

Aber das gibt sich wieder.«

Ich war erleichtert. »Also alles klar. Bodenheim fällt aus. Aber trotzdem hätte ich Lila ganz gerne wiedergesehen …«

»Blödmann«, fiel mir Egon ins Wort.

»Wieso?« Ich war leicht pikiert.

»Brauchst sie ja nur anzurufen. Hast doch ihre Nummer oder sogar ihren individuellen Ruf?«

Nein, den hatte ich nicht. Aber Egons Empfehlung war nicht schlecht. Warum sollte ich nicht den ersten Schritt tun?

Lila war freudig erregt, als sie mich im Video erblickte. »Das ist wirklich nett, daß du anrufst. Mußt verstehen, ich war das letzte Mal in einer scheußlichen Stimmung und wollte mich schon immer bei dir …«

»Schon gut«, unterbrach ich. »Wie geht's denn? Haben sich deine Fräulein Töchter an das neue Leben gewöhnt? Wird es deiner Mutter nicht zu viel?«

Lila lachte. »Mal der Reihe nach. Nächste Woche bekommen wir eine große Wohnung, Mutter und ich ziehen zusammen, damit die Kinder wieder eine Ordnung haben. Das ist für sie ein großes Ereignis und soll ein Fest werden. Ich hab eine interessante Tätigkeit gefunden, und meine Kinder haben sich, im Rahmen ihrer Vorstellungen, sehr rasch umgestellt. Vielleicht klingt es roh, aber ihre Bindung zu ihrem Vater war nie besonders eng. Dauernd nörgelte er an ihnen herum, es sollten am liebsten keine selbständigen Menschlein mit eigenen Gedanken und Vorstellungen sein, sondern kleine Erwachsene mit einem festgefügten, unerschütterlichen Weltbild. Alle Fragen, in denen nur ein leisester Zweifel anzuklingen schien, waren ihm verdächtig, lenkten vom Wesentlichen ab, nämlich eine unerschütterbare kommunistische Persönlichkeit zu werden. Und das tagtäglich einem neun- und einem siebenjährigen Mädelchen vorzubeten, dazu gehört schon eine große Portion Sturheit oder Borniertheit oder Selbstgefälligkeit – kannst dir den passendsten Ausdruck aussuchen.«

Ich mußte an den Jungen denken, dessen Eltern keine Zeit für ihn hatten. Lilas Mann hatte Zeit gehabt ... Ich seufzte.

»Was hast du«, erkundigte sich Lila sofort.

»Ich dachte eben an einen jungen Burschen, der vor einiger Zeit bei mir war. Da gab's auch ein Problem mit den Eltern. Mir erschien nach dem Gespräch mit ihm, daß das Zeithaben vielleicht das Wichtigste in der Beziehung zwischen den Generationen wäre. Jetzt aber merke ich, man kann Zeit haben und sie falsch nutzen, wie es dein Mann getan hatte.«

»Ja, Zeit hat er sich genommen, aber mit der Uhr in der Hand. Dumm war er nicht, aber ein ungeheurer Pedant, ein Schematiker schlimmster Art, alles mußte eingeteilt, bewiesen, in Schächtelchen abgelegt werden, und dann ein sauberes Etikett darauf: ›Hier liegt die Liebe zu deinem Vater.‹ Und ein anderes: ›Hier befindet sich die Achtung vor der Leistung eines Hühnerzüchters.‹

Ach, Emil, so konnten wir alle nicht weiterleben. Auch er nicht. Wie oft habe ich mit ihm darüber gesprochen, vor allem wegen der Kinder. Nächtelang. Erst hat er gegenargumentiert, immer verbissener und unsachlicher. Und wenn er dann eingelenkt hat, dann ›um des lieben Friedens willen‹. Vor Jahren hat er ja noch manches eingesehen und Ansätze gemacht, sich zu ändern. Aber das war in letzter Zeit nicht mehr der Fall. Und nur ›um des lieben Friedens willen‹ nach außen eine intakte Familie im idyllischen Grünen zu spielen, dazu war ich mir letzten Endes auch zu schade.« Lila schwieg und blickte mich sinnend an.

»Lieb, daß du angerufen hast. Und auch ein Dankeschön, daß ihr nicht nach Bodenheim gefahren seid. Das hätte mich doch gekränkt trotz allem.«

»Woher weißt du«, rief ich verwundert und zugleich ein wenig verlegen.

»Elli hat mich angerufen, voller Zorn auf euch beide. Ich hab ihr aber gesagt, ihre Hilfsbereitschaft sei zwar lieb, aber völlig unnötig. Wenn sie wolle, könne sie doch allein einmal hinfahren. Doch da wurde sie auch mit mir ein wenig böse. Ich würde wohl glauben, es sei weibliche Neugier, sich so einen Typ aus der Nähe anzusehen? Da würde ich mich irren. Reines menschliches Mitgefühl. Seither hat sie sich nicht mehr gemeldet.

Aber ich muß jetzt Schluß machen. Wenn wir umgezogen sind, melde ich mich wieder. Dann mußt du uns unbedingt besuchen. Meine Mutter erinnert sich noch gut an den Emil, der so fabelhaft zuhören konnte.«

Wieder bildeten sich die kleinen Lachfältchen auf ihrer Nasenwurzel, das Bild wurde blasser und blasser, Lila hatte aufgehängt.

Ich aber war froh, nicht der auch mich zeitweilig bedrängenden Neugier nachgegeben zu haben.

Rudi Trebbin will nicht mehr

»Weißt du, ich hab es einfach satt, ganz schlicht gesagt. Ich will nicht mehr.«

Der dies sagte, war mein alter Studienfreund Rudi Trebbin, der mit mir im gleichen Seminar die Zuhörerkunde erlernt hatte und seine Tätigkeit in unserer Nachbarstadt, etwa 130 Kilometer entfernt, ausübte. Und nun war er extra zu mir herübergekommen, um mir das zu sagen!

»Na hör mal!« Es sollte entrüstet klingen, kam aber nicht ganz so heraus. Im Grunde genommen war ich doch erschüttert, daß Rudi diese Erklärung so absolut abgegeben hatte: Es satt zu haben, nicht mehr zu wollen, den Zuhörer schießen zu lassen. Denn darauf lief es ja hinaus.

»Nein, Emil, du kannst reden, was du willst. Ich mach das nicht mehr mit. Tagaus, tagein kommen wildfremde Leute zu dir, singen dir ihr Lied vor, erwarten Verständnis. Versteigst du dich einmal zu einem Rat, ist dein Klient womöglich beleidigt: Du bist Zuhörer, hast also schön stille zu sein und zuzuhören. Ich komm mir manchmal wie eine lebende Klagemauer vor.

Warum kam man bloß auf diese idiotische Idee, Zuhörer auszubilden und auf die Menschheit loszulassen? Ich habe nämlich langsam einen grausamen Verdacht: Weil es uns Zuhörer gibt, gewöhnen sich die Menschen einfach ab, zuzuhören, wenn ein anderer ihnen was erzählen will, den Drang verspürt, sich mitzuteilen, auszusprechen, ein Recht auf Anteilnahme zu wollen. ›Geh doch zu einem Zuhörer, wozu gibt's die denn‹, ist dann die Antwort. Und wir selbst sind, allein durch unsere Existenz, ein Mechanismus geworden, der zur Verarmung der zwischenmenschlichen Beziehungen beiträgt. Genau wie die Polemiker.

Was glaubst du denn, wie viele an sich notwendige Auseinandersetzungen im Arbeitskollektiv, in der Familie, im allgemeinen gesellschaftlichen Bereich nicht stattfinden, weil es bequemer, risikoloser ist, die notwendige Polemik eben mit einem Polemiker zu führen.«

Ich war ziemlich verwirrt. »Aber Rudi, ist das

denn dein Ernst? Ist dies das Resümee aus deiner Arbeit?«

»Kannst du ein anderes ziehen? Ich kann mir nicht vorstellen, daß die Menschen bei euch anders sein sollen, als sie es bei uns sind. Nein, die Idee, Zuhörer auszubilden, war in der Grundanlage schon falsch.

Es war bequem, im allgemeinen Getriebe der gesellschaftlichen Geschäftigkeit einen Punkt zu schaffen, wo einer von Amts wegen Zeit haben muß und nichts weiter zu tun hat, als zuzuhören. Das hatte schon was für sich. Vor allem entlastete es die Pädagogen, sich der Mühe zu unterziehen, unsere Jugend so auszubilden, so zu formen, daß darin auch ein Plätzchen blieb, einem Mitmenschen ›sein Ohr zu leihen‹, wie man früher so schön und poetisch sagte. Heute leiht man sich einen Zuhörer. Was ich da so erlebt habe ... Nein, Emil, ich mach Schluß. Aus, vorbei.«

Es ließ mich nicht ruhig sitzen. Schon während Rudi noch sprach, war ich aufgestanden und im Zimmer umhergerannt. Was konnte ich, was sollte ich tun? Ich begann, einige Geschichten zu erzählen, von den Gullymännern, denen ich doch helfen konnte, von Oma Möller und von ...

Er unterbrach mich schroff. »Eben, weil ich auch diese Oma Möllers kenne, diesen Vierzehnjährigen, der sich beschwert, daß keiner Zeit habe, die Zerstörerin, die auf den Zuhörer ausweicht, statt gegen den horrenden Blödsinn der falschen Auslegung des Begriffes, was sind ›Bedürfnisse im echten Sinne‹, dort aufzutreten, wo sie dann auch für ihre Aussage kämpfen und vielleicht eine Niederlage einstecken muß ... Nein, der Zuhörer, der psychische Abfalleimer ist ja da. Hinein mit allem, was da an Zweifeln, Fragen, Mißverständnissen gärt und schwelt, er wird es gelassen ertragen und schweigen wie ein Grab. Und heiteren Sinnes geht man von dannen. Wie es im Gehirn des Zuhörers dann aussieht, ist Nebensache. Geistige Verstopfung möchte ich das nennen. Früher, die alten Römer, die reichten bei ihren Gastmälern Pfauenfedern, mit denen sich die Schmausenden so lange das Zäpfchen kitzelten, bis sie sich übergeben mußten und dadurch Platz für den nächsten Gang schufen. Heute gibt's für psychisches Überfressen die guten lieben Zuhörer ...«

Mir war ganz schlecht. »Aber Rudi, gibt es nicht einen einzigen Fall, bei dem du dir sagen konntest, das hat sich gelohnt, dieser Mensch ist wirklich getröstet von mir geschieden?«

Rudi schüttelte den Kopf. »Das hab ich mir zu Anfang auch eingebildet. Hab mir was vorgemacht, mich vor mir selbst gerechtfertigt. Doch alles Schwindel, Heuchelei, Selbstbetrug!

Wir Zuhörer sind überflüssig, das besagt meine Berufserfahrung. Gut, ich höre auf. Ich sehe, daß du offenbar noch nicht soweit bist. Aber das eine sage ich dir: Der Tag ist nicht mehr fern, wo es keine Zuhörer und keine Polemiker mehr geben wird, wo Schluß sein wird mit dem Sich-selbst-etwas-Vormachen, mit der Unaufrichtigkeit ...«

»Also Wahrheit um jeden Preis, alles hinausschreien, was einem gerade durch den Schädel fährt, ohne jede Rücksichtnahme? Rudi, wie sollen dann die Menschen das Zusammenleben überhaupt ertragen?«

Rudi stutzte. Mir wurde im gleichen Augenblick klar, daß ich die Worte des Philosophen gebraucht hatte, der mich damals so in Harnisch brachte mit seiner Theorie der Unaufrichtigkeit.

»Gut«, meinte Rudi. »So habe ich's ja nicht gemeint. Du überspitzt. Aber das ist meine feste Überzeugung: Um die zwischenmenschlichen Beziehungen wäre es besser bestellt, wenn *jeder* zuhören und polemisieren könnte und vor allem auch *wollte*. Aus einem inneren Bedürfnis heraus, verstehst du? Und daher sage ich noch mal: Zuhörer und Polemiker sind Hilfslösungen, Bequemlichkeitserfindungen, die wir begraben müssen, solange man sich noch nicht an sie gewöhnt hat wie an das Wasserklosett oder das elektrische Licht. Es wird Aufregung geben, gewiß, doch trotz allem glaube ich an die Vernunft.«

Ich schüttelte den Kopf. »Rudi, Rudi! Hast du dir das alles auch genau überlegt? Und was sagt die Partei zu deinem Entschluß?«

»Siehst du«, meinte er, »dort können sie zuhören, dort heißt es nicht: Genosse, halte uns nicht auf, wozu haben wir den famosen Beruf des Zuhörers eingerichtet? Nein, fast zwei Stunden habe ich mich unterhalten, mit zwei, später sogar drei Genossen meiner Kreisleitung. Das Ergebnis war – du wirst es nicht glauben –: Genosse Rudi, du mußt das tun, was du für richtig hältst. Wir bedauern es, du warst in unserer Stadt als Zuhörer geschätzt. Und das, was du uns über deine Gründe gesagt hast, das werden wir reiflich überdenken. Da hast du an eine Sache gerührt, die es wert ist, näher untersucht zu werden. Was meinen denn deine Zuhörerkollegen? Und weißt du, deshalb bin ich bei dir.

Aber du scheinst ja zufrieden, alles klar bei Löwenherz.«

Rudi ging, sichtlich enttäuscht. Sein Besuch kam mir zu überraschend, ich war nicht darauf vorbereitet gewesen. Doch seine Worte hakten sich fest. Es lohnte sich wirklich, darüber länger nachzudenken.

So von einer ganz anderen Seite als der Unaufrichtigkeitsphilosoph, aber doch irgendwie, wenn mir auch noch nicht klar sichtbar, zielte Rudi in die gleiche Richtung. Unbedingt mußte ich mit Egon darüber reden. Unbedingt und sofort ...

Intermezzo IV

Spornstreichs rannte ich zu Egon hinüber. Rudis Worte zwackten und zwickten in mir, vielleicht gab's bei den Polemikern ähnliche Zersetzungserscheinungen? Aber waren es denn Zersetzungserscheinungen, war es nicht vielmehr der Ausdruck eines ganz ordinären Unbehagens über das eigene »Jeder nach seinen Fähigkeiten«?

Ich klingelte Sturm. Elli öffnete mir und war freudig überrascht. »Na so was, der Löwenherz in persona! Geh nur rein, vor einer halben Stunde ist Lila gekommen. Egon wollte dir eben videofonieren.«

Da stand ich nun, wie vor den Kopf geschlagen. Im Begriff, mich über die tiefsten Tiefen meiner beruflichen Problematik auszusprechen, mußte Lila meinen Weg kreuzen! Aber vielleicht war das gut so, gar nicht so verkehrt. Immerhin war ihre Arbeit auch menschenkundlerisch, wenn auch altersdeterminiert und mit klarer Aufgabe.

Doch als ich dann ins Zimmer trat, Egon, heiterster Laune, mich mit »Ei der Daus, wie bestellt, unser Emil« begrüßte und Lila ihre krausen Fältchen um die Nasenwurzel bekam, da konnte ich nichts anderes tun als schweigen.

»Komm, nimm Platz, Kaffee ist noch da, und Kuchen verschmähst du ja auch nicht«, ermunterte mich Elli, und Lila flötete von der anderen Seite: »Wo er doch so schlank und sportlich ist, besteht ja wohl keine Sorge um ein Bäuchlein«, und schob mir einen Teller mit Apfelkuchen zu. »Hab ich selbst gebacken und mitgebracht«, kommentierte sie.

»Bei Tamara?« fragte ich.

»Nein.« Lila lachte. »Ich hab jetzt eine eigene Wohnung, und da wollte ich Elli, Egon und dich zur Einweihung einladen. Sie liegt nämlich ganz in der Nähe.«

Egon schmunzelte. »Sozusagen als Ersatzkaffee, wie man in der Antike zu einem Gebräu aus gerösteter Gerste sagte. Du weißt ja schon, aus dem Klassentreffen wird nichts. Die Angesprochenen haben keine Zeit, vielleicht auch kein Interesse. Bleiben wir demnach im gewohnten Rahmen: Tamara, Lila, du und ich.«

»Und ich?« protestierte Elli. »Gehöre ich nicht auch dazu?«

»Du?« Egon ereiferte sich. »Das ist ein Restklassentreffen und kein Betriebsausflug mit Familienangehörigen! Das wäre doch taktlos. Lila ist erst kürzlich in die Freiheit geflogen, Tamara ohne Mann, unser Emil ein chronischer Junggeselle, und da soll ich mit dir angeben: Ich hab's geschafft, hab ein Weibchen, ein feines, schaut her, ihr Tölpel, so weiß ist ihre zarte Haut!«

Lila gab ihm einen Klaps auf den Mund. »Schweig endlich, du Wundermann. Natürlich kommt Elli mit. Elli, das hat er nicht so gemeint. Also, was haltet ihr von übermorgen, so gegen halb acht?«

Ich verabschiedete mich und ging. Also bis übermorgen. Vielleicht hatte ich bis dahin einigermaßen verdaut, was Rudi Trebbin da von sich gegeben hatte. Doch die beiden Tage schlichen förmlich dahin, und mehr als einmal zuckte meine Hand zum Video, um Lila anzurufen.

Dieser Rudi! Immerhin, manchmal hatte ich ja ähnliche Empfindungen gehabt, besonders nach dem Besuch des Jungen hatte ich gedacht, daß Zuhören eigentlich auch zum Grundkursus gehören müßte. Der Gedanke war mir dann einfach weggerutscht. Und jetzt stand er wieder vor mir, groß und fast ein wenig furchteinflößend. War denn das so einfach, zu sagen: Mit diesem Beruf haben wir uns getäuscht? Mir war wirklich nicht sehr wohl, bis endlich das ersehnte Übermorgen herankam und ich mich um sieben Uhr auf den Weg machte ...

Ich muß sagen, schön hatte sie es sich eingerichtet, einfach, praktisch und mit Geschmack. Die Mädelchen hatten ein gemeinsames Zimmer, mit altmodischen Doppelstockbetten. Oben hatte Ina, die schon zur Schule ging, sich eingerichtet. Unten war das kleine, zierliche Marlenchen einquartiert, mitsamt ihrem Zoo aus weichen, wuscheligen Plüschtieren.

Sie faßte gleich Vertrauen zu mir und erklärte mir Namen und Biografie von all ihren Freunden. »Stoppel, der Hase, ist nämlich von zu Hause weggelaufen, weil er keine Mohrrüben essen wollte. Und Hasen essen doch am liebsten Mohrrüben, stimmt doch, Onkel Emil!« Das, muß ich sagen, störte mich ein bißchen. Daß die anderen »Emil« riefen, war klare Sache. Aber so unvermutet ein »Onkel Emil« zu sein. Nein, irgendwo fand ich es unpassend. Aber so war es eben, die Großen waren immer Onkel und Tante für solch ein Marlenchen.

Da war Ina schon kritischer. Sie wollte wissen, ob ich in der Schule mit ihrer Mutti auf der gleichen Bank gesessen sei, und als ich dies verneinte, erlosch ihr Interesse an mir und sie wandte sich Egon zu, der einen Haufen alten Schulquatsches vom Stapel ließ, teils wahr, teils erfunden. Und immer war Lila der Mittelpunkt. Ina strahlte und rief, als die Kinder ins Bett gesteckt wurden: »Onkel Egon, schreib doch mal die Streiche von Mutti für mich auf, damit ich Gegenargumente habe, wenn sie an mir herumerzieht!«

Elli lachte. »Deine Große wird sicher mal ein guter Polemiker. Will jetzt schon Gegenargumente, um die erzieherischen Hinweise der Mama auf besseres eigenes Jugendverhalten dokumentarisch widerlegen zu können.«

Tamara war still und wirkte auf mich fremd. Sie war auch nur gekommen, um Lila einen Blumenstrauß zu bringen. Zum Essen wollte sie nicht bleiben. Ihre Mutter war vor drei Tagen in die Klinik eingeliefert worden, und Tamara war sehr in Sorge um sie. »Mir ist wohler, wenn ich nochmals dort rasch vorbeischaue und dann nach Hause gehe. Nehmt es mir nicht übel.«

Jeder von uns verstand und akzeptierte dies. Mir tat es leid, aber ich schwor mir, mich ab sofort wirklich mehr um die alten Freunde zu kümmern. Da wohnt man in der gleichen Stadt, aber die verfluchte Bequemlichkeit! Wo hatte ich das nur gelesen, seltsame, doch eindringliche Verse:

> Spute dich, ehe das Postamt schließt!
> Wenn auch ein Pustegehauslauf verdrießt,
> vielleicht stirbt jemand, während du niest!

Das kam mir in den Sinn, als Tamara davoneilte, zu ihrer kranken Mutter.

Ich war ehrlich genug: Der Erhalt der Freundschaft mit Egon gründete sich auch auf unsere räumliche Nachbarschaft. So ist der Mensch! Aber offenbar auch früher so gewesen, das besagten ja die Zeilen des alten Dichters. Ach ja, Ringelnatz hat er geheißen, vielmehr sich so genannt. Merkwürdiger Name und seltsamer Mensch. Ich sah mal Bilder von ihm. Trat im Tingeltangel als Matrose auf und brachte die Menschen zum Lachen und Nachdenken.

»Warum so in dich gekehrt?« fragte Elli besorgt. »Komm, setz dich, Lila wird uns gleich bewirten, ganz individuell. Ich war nämlich schon als Spähtrupp in der Küche.«

»Sie hat sich eine richtige Küche eingerichtet?« Ich war ein wenig verwundert. Die meisten modernen Frauen hatten dort nur ihren Tiefkühlschrank und ihren elektronischen Mikrowellengrill, und die Mahlzeiten bestanden im schnellen Aufheizen der fertig tiefgefrorenen Assietten vom Service. Allerdings, auch ich hatte eine altmodische Küche und bruzzelte gerne in Pfannen und Töpfen. Aber an Lila war dies für mich eine neue Eigenschaft.

Schönes antikes Porzellan, bunte Feldblumen auf dem Tisch, auch eine Flasche Wein fehlte nicht. Es hat wirklich ausgezeichnet geschmeckt. Ein Käsefondue. Ein richtiges Schwatzessen: Man stippt mit der langen Gabel ein Brotwürfelchen in die lecker brodelnde Masse, zwirbelt es darin herum, wickelt kunstvoll die unvermeidlichen Käsefäden zu einem Knäuel. Und dazwischen ein Schlückchen Wein, ein kleines Wort, eine Anekdote, eine Schulstory. Es war, ehrlich gesagt, sicherlich zehnmal gemütlicher, als wenn wir so mit zwanzig Mann in irgendeinem Corso restaurante italiana oder einer echten japanischen Fischbraterei gesessen hätten.

Der Fonduetopf war leergefegt, die Teller hinausgetragen, eine zweite Flasche Wein auf dem Tisch.

Lila wandte sich zu mir und meinte: »Und du, Zuhörer, hast auch heute deine Berufsehre hochgehalten und meist nur zugehört. Was ist los, irgendwas stimmt doch nicht mit dir. Was schleppst du herum, komm, spuck's aus!«

Ich war sehr betroffen, daß sie mich noch – oder schon wieder – so gut kannte. Natürlich war mir den ganzen Abend Rudi Trebbin im Kopfe herumgegeistert. Und ich erzählte von seinem Besuch und seinen Sorgen. Dabei verschwieg ich nicht, wie hilflos ich mir vorgekommen war. Damals hatte ich das auf das Überraschungsmoment geschoben, aber nun war genug Zeit ins Land gegangen, und noch immer hatte ich keine treffenden Gegenargumente gefunden.

»Und was ist bei euch, Egon, gibt's da auch so eine Stimmung, Trends oder weiß der Teufel, wie man das nennen soll: Auflösungserscheinungen, Selbstaufgabe, das wären wohl die treffendsten Worte.«

Egon kratzte sich die Nase, ein sicheres Zeichen, daß er angestrengt überlegte. »Sieh mal«, antwortete er dann, »es ist zwar noch kein Polemiker bei mir aufgetaucht, so wie Rudi bei dir. Aber an dem, was er dir gesagt hat, ist auch für unseren Beruf was dran.«

Er sprang auf und begann im Zimmer herumzurennen.

»Es ist was dran, verflucht und zugenäht, es ist wirklich was dran! Gut, ihr Zuhörer seid die Klagemauer, wie Rudi so trefflich bemerkt hat. Aber wir Polemiker sind die Schattenboxer, das ist viel schlimmer! Wir polemisieren, müssen polemisieren, auch wenn es uns vielleicht innerlich gegen den Strich geht und wir voll mit unserem Gegner einverstanden sind. Nein, nein, Polemik um jeden Preis! Und das im stillen Kämmerlein, nicht öffentlich, damit ja die Kommission, der Ausschuß, der Volksrat und wer weiß noch von den Polemiken verschont bleiben. Bist anderer Meinung, willst mit uns streiten? Bitte, erst mal zum Polemiker, dann wirst du ja erleben, was an deiner Kritik,

Nörgelei und deinem Klüger-sein-Wollen dran ist.

Wenn du uns den berühmten 1:0-Zettel des Polemikers bringst, du weißt doch, den mit dem blauen Querstrich, dann werden wir hier, in aller Öffentlichkeit, die Polemik eröffnen. Wenn nicht – dann nicht. Und dieser 1:0-Zettel hängt uns doch wie ein Klotz am Bein. Eine niederträchtige Erfindung von irgend so einer Kommission! Bin ich denn ein oberster Richter darüber, worüber andere sich streiten dürfen oder nicht?«

»Das bist du, Egon Eiderdaus«, sagte ich pathetisch. »Dessen ist dein Beruf, so steht's in der Bestallungsurkunde geschrieben. Das ist ein Punkt, ich geb's zu, da bin ich besser dran.«

Lila hatte mit sichtlicher Erregung zugehört. »Und die von der Kreisleitung haben zu Rudi gesagt, das seien nachdenkenswerte Überlegungen, damit habe er ein Problem aufgerissen – aber was ist herausgekommen bei ihrem Nachdenken?«

»Kannst du dir doch denken. Eine Kreisleitung kann und wird das niemals allein entscheiden können. Aber vielleicht sollten wir gemeinsam einen Brief ans ZK schreiben, uns mit Rudi solidarisieren?« schlug ich vor.

Elli reagierte eigenartig. »Das wird man euch bestimmt übelnehmen. Früher nannte man das Fraktionsbildung oder so ähnlich.«

»Na erlaube mal!« Nun wurde Egon energisch. »Wieso denn dieses? Wir leben doch nicht mehr im Gestern. Nein, nein, das wird uns keiner übelnehmen, davor hab ich keine Angst. Ich hab nur Sorge, ob wir das so klar ausdrücken können, um die Genossen zu überzeugen.«

»So klar, wir ihr beide das eben könnt. Ich hab da auch meine Ideen«, meinte Lila. »Man muß weit voraussehen. So wie ich bei meinen Kindergartenkindern schon die künftigen Talente fast erahnen muß, so müßt ihr das herausschälen, was den heutigen Zustand der Existenz von Zuhörer und Polemiker als Beruf zum Hemmschuh für die Entwicklung in kommenden Jahren macht.«

»Leicht gesagt«, maulte ich. Doch da hatte ich einen Gedanken. »Kinder, machen wir es doch mit Rudi gemeinsam! Der hat sich weit länger und gründlicher mit der Sache befaßt. Und wenn wir drei, Egon, Lila und ich, schon nach so einer kurzen Diskussion zu gleichen Einsichten kommen, dann muß doch etwas dran sein, das muß es einfach!«

»Aber ihr solltet auch etwas vorschlagen, anbieten, nicht nur sagen, so geht's nicht«, meinte die praktische Elli.

»Das ist gut. Vorschlag eins: Gemeinsame Konferenz von Zuhörern und Polemikern. Einziges Thema: ›Ist unser Beruf noch zeitgemäß?‹ Vorschlag zwei: Einführung der Polemik und des Zuhörens als Lehrfächer in den allgemeinen Grundkurs, und Vorschlag drei: alle ehemaligen Zuhörer und Polemiker, die das wünschen, können im Grundkurs als Dozenten arbeiten. Wie man das im einzelnen noch durch Gruppenübungen, Wiederholungen, Fortbildungskurse verfeinern kann, ist eine Frage zweiter Ordnung.« Egon war sehr überzeugend.

»Ei der Daus«, sagte ich, »du entwickelst dich! Gleich morgen werden wir beide zu Rudi fahren und uns mit ihm beraten.«

Und so ist es dann geschehen …

Finale

So kam es, daß ich jetzt Dozent für Zuhörerkunde im ersten Grundkurs der allgemeinen Studien bin und noch der Weiterbildungskommission unserer Region angehöre.

Unser Vorstoß zu dritt, unterstützt von der Kreisleitung, hatte mit dazu beigetragen, die allgemeine Zuhörer- und Polemikerkonferenz abzuhalten, und die Zentrale Kommission für Menschenkunde und Bildung hat dann das Ergebnis bestätigt und abstimmen lassen. Grundthese: Jeder muß die Fähigkeit und den Willen haben, seinem Mitmenschen zuhören zu können und sich mit ihm polemisch auseinanderzusetzen. Um dies aber zu können, muß man einiges wissen. Also wurde Polemik und Zuhörerkunde als angewandte Psychologie in den Grundkurs integriert.

Ich muß gestehen, wir waren beileibe nicht die einzigen, die solche Gedanken mit sich herumgetragen hatten. In anderen Weltgegenden war man schon bedeutend weiter. Da gab's schon längst Gruppenpolemiken und freiwillige, ehrenamtliche Zuhörerkollektive, die sich vor allem um die alten Leute kümmerten. Nicht, daß wir nun offene Türen eingerannt hätten. Aber die Zeit war reif, überreif. Wir hatten nur noch ein bißchen schütteln geholfen, damit die Pflaumen in den Korb fielen.

Und noch etwas. Gestern war ich mit Lila und den Kindern in einem schönen, elegant eingerichteten Gebäude. Viele Blumen gab's da, Springbrunnen, Musik. Anschließend ein kleines Essen in einer Laube im Grünen, mit Elli und Egon, auch Tamara war gekommen, deren Mutter sich erholt hatte. Rudi hatte ein Videoquick mit herzlichen Grüßen geschickt.

Nie werde ich es vergessen: Als wir die Stufen

dort hinaufstiegen, schob sich mit einemmal sacht und warm eine kleine Hand in die meine. Marlenchen blickte zu mir herauf, drückte meine Hand so fest sie konnte und sagte: »Und wenn wir da wieder herauskommen, bist du unser richtiger Vati!«

Ich drückte ihr Händchen wieder und dachte: Das ist das Schönste, Vertrauen zu spüren, so eine kleine Kinderhand zu fühlen, wenn sie hineinschlüpft in die große Hand und sich führen läßt. Vertrauen, ja, das ist das Wichtigste …

Es ist doch verdammt schön zu leben! Hier, jetzt und mit den Menschen, die einem nahestehen.

Inhaltsverzeichnis

In der Kleinen Reihe ANGEBOTE erschienen

Jürgen Frühauf

Mit Adam und Eva am Stammtisch

Poetische Protokolle

112 Seiten, 2,00 Mark

Jürgen Frühauf, Jahrgang 1955, Grubenschlosser bei der Wismut, wurde über die Poetenbewegung der FDJ entdeckt. Er sagt von sich, daß er sich sein Leben ohne das Schreiben nicht mehr vorstellen kann. »Ich versuche, die Schwere, aber auch die Schönheit und die Notwendigkeit der Arbeit im Bergwerk ans Licht zu bringen, für jeden, der etwas darüber wissen möchte … Ich arbeite im Dreischichtsystem. Da wird die Zeit zum Schreiben oft knapp …«

Der Autor begibt sich mit kraftvollen Versen vor Ort, nimmt uns mit in den Dorfkrug und zum Sommerfest, nach Moskau, in die Hohe Tatra oder auch nach Auschwitz. Durch seine Gedichte spazieren, drall und prall, der Bäcker, die Kantinenfrau oder der Glasermeister. Wir finden erotische Verse ohne Scheuklappen.

In der Kleinen Reihe ANGEBOTE erschienen

Jan Koplowitz

Glück auf, Piddl

Roman

456 Seiten, 6,00 Mark

Die Kinder der streikenden Bergarbeiter im schlesischen Valdberg des Jahres 1922 unterstützen die Aktionen ihrer Väter, allen voran die Kindergruppe Rote Pioniere, geführt von Piddl, dem pfiffigen Sohn des Häuers Pietruschinski. Als Geheimbund »Rächer der Armen« unternehmen sie darüber hinaus manchen Streich mit ernstem Hintergrund. Mit ihrem kindlichen Spiel geben sie zugleich ein Spiegelbild von der Unversöhnlichkeit des Klassenkampfes, den die Erwachsenen führen.

Verlag Tribüne Berlin